Autorin:
Ute Schmidt wurde 1965 in Passau geboren. Auf dem elterlichen Anwesen war sie schon als Kind von vielen Tieren umgeben, darunter auch Arbeits- und Kutschpferde.
Unter Aufsicht des gestrengen Großvaters, der Rittmeister war, lernte sie schon von klein auf viel über Aufstallung, Gesunderhaltung und Fütterungstechniken.
Fundierten Reitunterricht bekam sie ab dem zehnten Lebensjahr in Dressur und Springen.

1996 zog sie nach Hamburg, wo sie sich ihren Traum von einer eigenen Reitschule erfüllte. Sie lebt mit ihrer Familie auf einem Resthof im Südosten von Hamburg, wo sie auf ihren Friesenpferden Kinder und Jugendliche unterrichtet.

Illustratorin:
Mirella Sperling

Titelfoto:
Ariane Lange

Bisher in dieser Reihe erschienen:

Reitabzeichen 6   ISBN - Nummer 9783739243177
Reitabzeichen 7   ISBN - Nummer 9783739207667
Reitabzeichen 8   ISBN - Nummer 9783738637441
Reitabzeichen 9   ISBN - Nummer 9783734793226
Reitabzeichen 10:   ISBN - Nummer 9783734761102
Reitabzeichen 10 (englisch) ISBN - Nummer: 9783748133483

Pferdeführerschein Umgang ISBN - Nummer 9783750437210

Pferdeführerschein Reiten   ISBN- Nummer 9783751984218

Longierabzeichen 5   ISBN - Nummer 9783741237454
Bodenarbeit Stufe 1   ISBN - Nummer 9783746050133
Trainerassistent   ISBN - Nummer 9783750435209

Ergänzendes Übematerial in Form von Smartphone-Apps ist im Google Play Store erhältlich

ISBN - Nummer 9783746092966

Dieses Buch gehört:

_____

Inhaltsverzeichnis

Kapitel 1: Hilfsmittel und Hilfszügel

🐴 Welche Hilfsmittel gibt es beim Reiten?	☐ Hilfszügel, Gerte und Sporen.
🐴 Was gehört in die Kategorie Hilfszügel?	☐ Ausbinder, Martingal, Dreieckszügel und Laufferzügel.
🐴 Wie sehen Ausbinder aus?	☐ Ausbinder sind zwei Lederriemen, an deren Enden je eine Verschnallung und ein Karabinerhaken sind.
🐴 Wie werden Ausbinder angelegt?	☐ Die Ausbinder werden an der vorderen Gurtstrippe verschnallt und der Karabiner in den Trensenring eingehängt.
🐴 Wie wählt man die richtige Länge?	☐ Wenn das Pferd korrekt durch das Genick geht, sollte die Nasen-Stirn-Linie eine Handbreit vor einer gedachten Senkrechten sein.
🐴 Wozu braucht man Ausbinder?	☐ Man nutzt sie zum Longieren und bei Reitanfängern. Der Ausbinder hilft dem Pferd Anlehnung zu finden, wenn der Reiter dies noch nicht beherrscht. Dadurch wird der Rücken des Pferdes geschont. Das Pferd lässt sich dann auch leichter aussitzen, da sich der Rücken nach oben wölbt.
🐴 Darf man mit dem Ausbinder auch springen?	☐ Nein, denn das Pferd muss zum Springen den Hals lang machen und sich strecken können, um sich auszubalancieren. Das verhindert ein Ausbinder.
🐴 Wann dürfen die Hilfszügel verschnallt werden?	☐ Das Pferd muss erst gelöst werden. Außerdem sollten die Hilfszügel immer erst auf dem Reitplatz angelegt werden, da Pferde auf dem Weg zur Reitbahn stürzen könnten. Mit Hilfszügeln können sie sich weniger ausbalancieren und schwer aufstehen.

🐴 Wie wird ein Martingal angelegt?	☐ Das Martingal wird zwischen den Vorderbeinen am Sattelgurt befestigt. Dieses muss mittig liegen, damit das Pferd an den Innenseiten der Beine nicht wund gescheuert wird. Dann teilt sich das Martingal in zwei Riemen, an deren Enden je ein kleiner Metallring ist, durch welchen man die Zügel führt. Das Martingal wird mit einem Halsriemen gesichert. Martingalstopper verhindern ein Verhaken der Ringe in der Zügelschnalle.
🐴 Wann braucht man ein Martingal?	☐ Es wird vor allem im Gelände und beim Springen eingesetzt. Man nutzt es für Pferde die viel Temperament besitzen. Wichtig ist, dass die Länge korrekt ist. Ist das Martingal zu lang, ist es wirkungslos und das Pferd kann hineintreten. Ist es zu kurz, kann es sich nicht ausbalancieren. Die Länge ist korrekt, wenn die Ringe bis an die Ganasche reichen, wenn das Pferd durch das Genick geht.
🐴 Wie legt man einen Dreieckszügel an?	☐ Der Dreieckszügel wird zwischen den Vorderbeinen am Sattelgurt festgemacht. Dieser muss mittig liegen, damit das Pferd an den Innenseiten der Beine nicht wund gescheuert wird. Danach teilt sich der Dreieckszügel auf, wird von innen nach außen durch je einen Trensenring geführt und an der ersten Gurtstrippe verschnallt. Auch hier gilt: Die Nasen-Stirn-Linie muss eine Handbreit vor einer gedachten Senkrechten stehen.
🐴 Bei welchen Pferden benutzt man den Dreieckszügel?	☐ Man nutzt sie bei Pferden, die in die Vorwärts-Abwärts-Dehnung kommen sollen. Voraussetzung dafür ist eine gute Anlehnung der Reiterhand mit dem Pferdemaul.
🐴 Wie legt man einen Laufferzügel an?	☐ Auch hier soll das Pferd in die Dehnungshaltung kommen. Einerseits ist das seitliche Dreieck durch den Fallring relativ hoch, anderseits bekommt das Pferd dadurch aber eine gute seitliche Begrenzung. Deshalb ist der Laufferzügel nur für Pferde geeignet, die bereits gut in der Aufrichtung sind und in Richtung Versammlung gearbeitet werden.

🐴 Was versteht man unter einer Vorwärts-Abwärts-Dehnung? 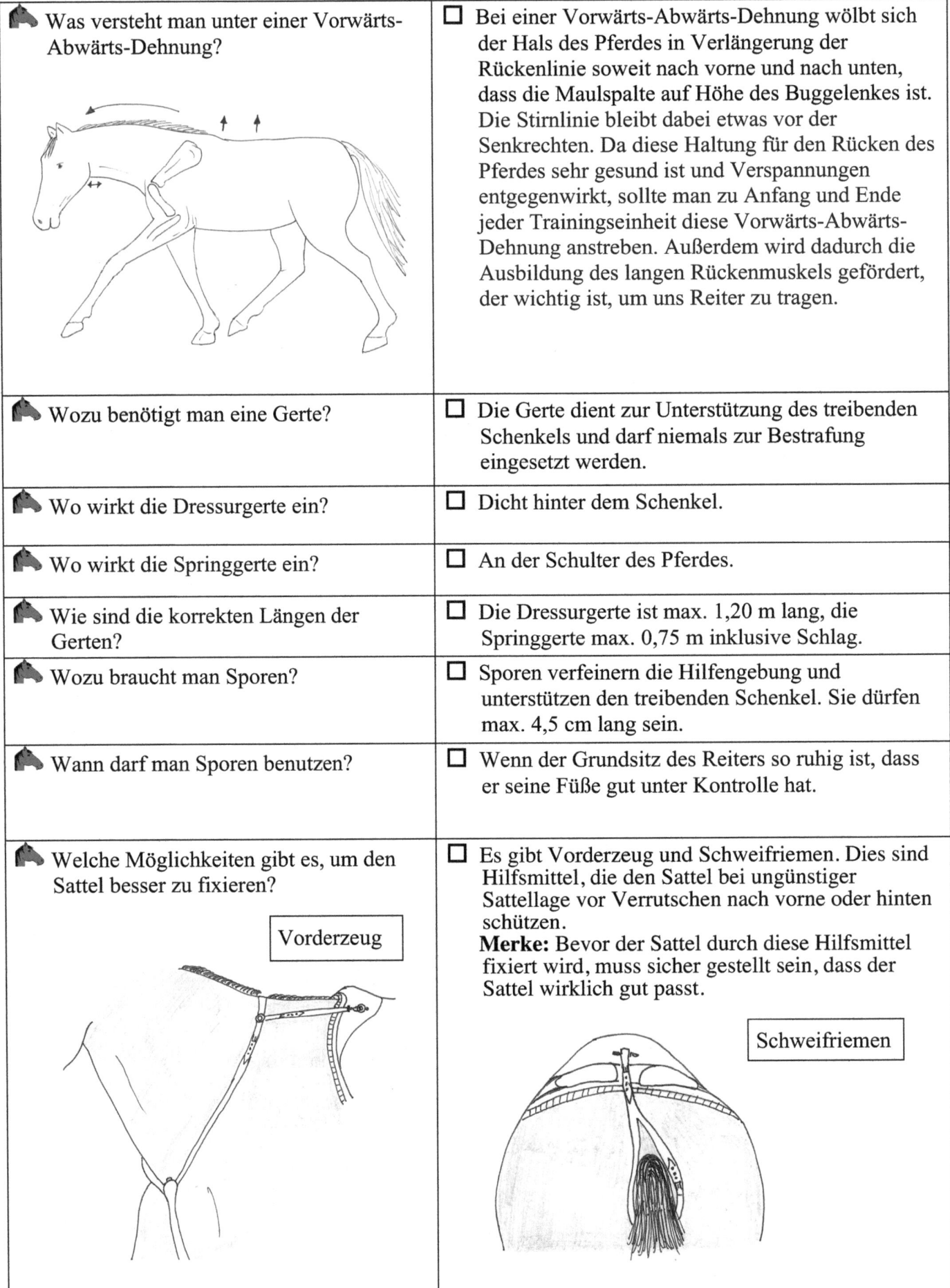	☐ Bei einer Vorwärts-Abwärts-Dehnung wölbt sich der Hals des Pferdes in Verlängerung der Rückenlinie soweit nach vorne und nach unten, dass die Maulspalte auf Höhe des Buggelenkes ist. Die Stirnlinie bleibt dabei etwas vor der Senkrechten. Da diese Haltung für den Rücken des Pferdes sehr gesund ist und Verspannungen entgegenwirkt, sollte man zu Anfang und Ende jeder Trainingseinheit diese Vorwärts-Abwärts-Dehnung anstreben. Außerdem wird dadurch die Ausbildung des langen Rückenmuskels gefördert, der wichtig ist, um uns Reiter zu tragen.
🐴 Wozu benötigt man eine Gerte?	☐ Die Gerte dient zur Unterstützung des treibenden Schenkels und darf niemals zur Bestrafung eingesetzt werden.
🐴 Wo wirkt die Dressurgerte ein?	☐ Dicht hinter dem Schenkel.
🐴 Wo wirkt die Springgerte ein?	☐ An der Schulter des Pferdes.
🐴 Wie sind die korrekten Längen der Gerten?	☐ Die Dressurgerte ist max. 1,20 m lang, die Springgerte max. 0,75 m inklusive Schlag.
🐴 Wozu braucht man Sporen?	☐ Sporen verfeinern die Hilfengebung und unterstützen den treibenden Schenkel. Sie dürfen max. 4,5 cm lang sein.
🐴 Wann darf man Sporen benutzen?	☐ Wenn der Grundsitz des Reiters so ruhig ist, dass er seine Füße gut unter Kontrolle hat.
🐴 Welche Möglichkeiten gibt es, um den Sattel besser zu fixieren? Vorderzeug	☐ Es gibt Vorderzeug und Schweifriemen. Dies sind Hilfsmittel, die den Sattel bei ungünstiger Sattellage vor Verrutschen nach vorne oder hinten schützen. **Merke:** Bevor der Sattel durch diese Hilfsmittel fixiert wird, muss sicher gestellt sein, dass der Sattel wirklich gut passt. Schweifriemen

Präge Dir die Anatomie des Kopfes gut ein!

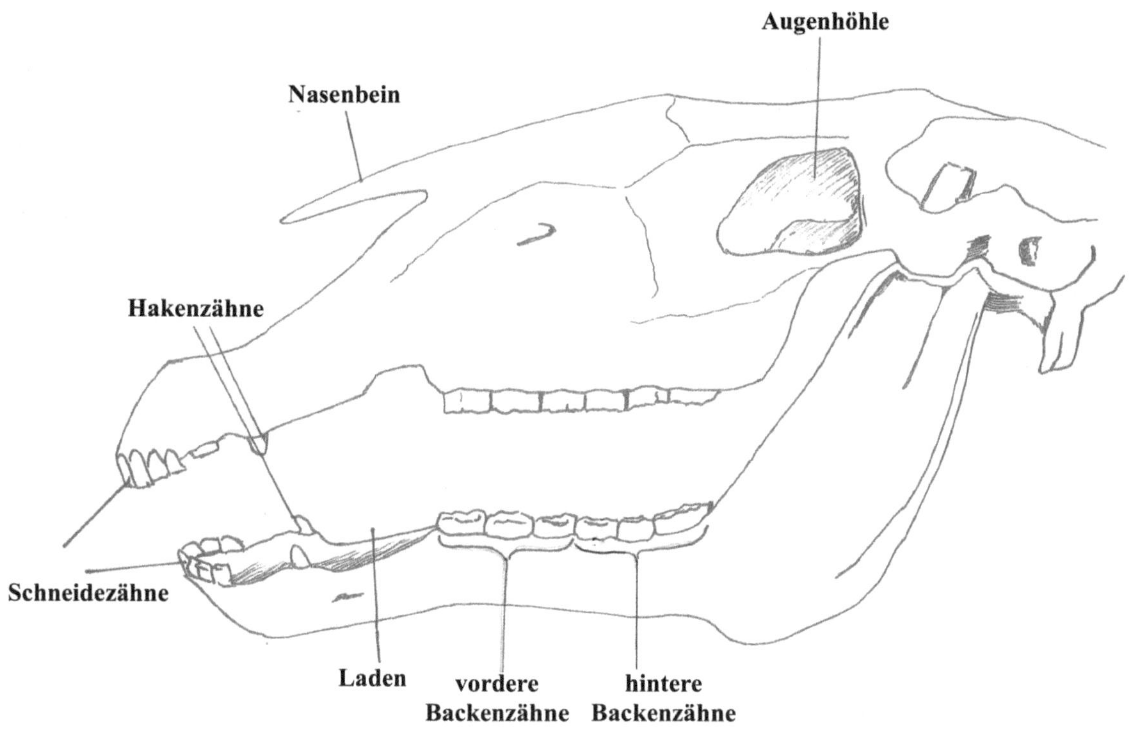

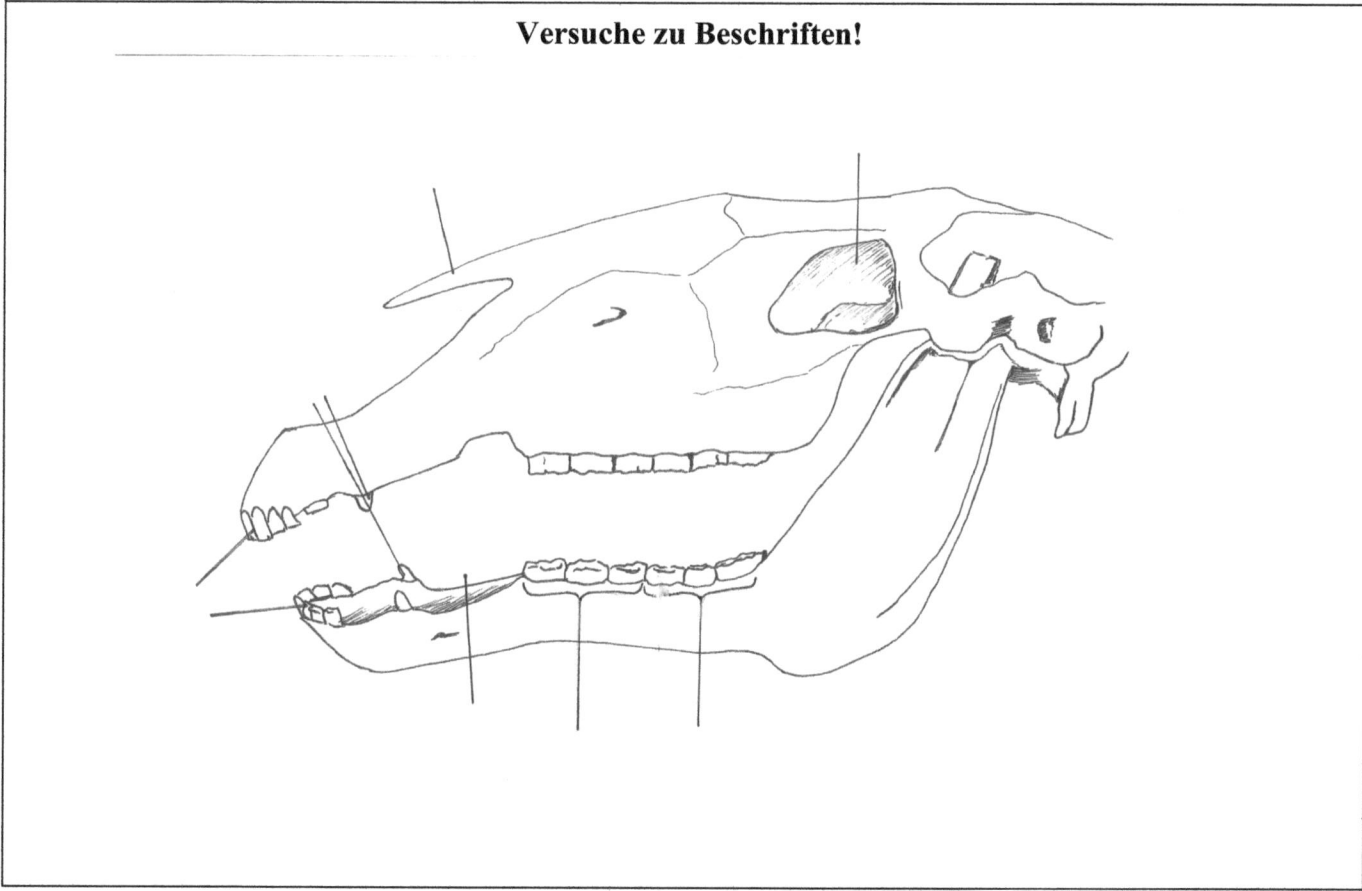

Augenhöhle

Nasenbein

Hakenzähne

Schneidezähne

Laden   vordere   hintere
         Backenzähne Backenzähne

Versuche zu Beschriften!

Präge Dir die verschiedenen Gebissarten gut ein!

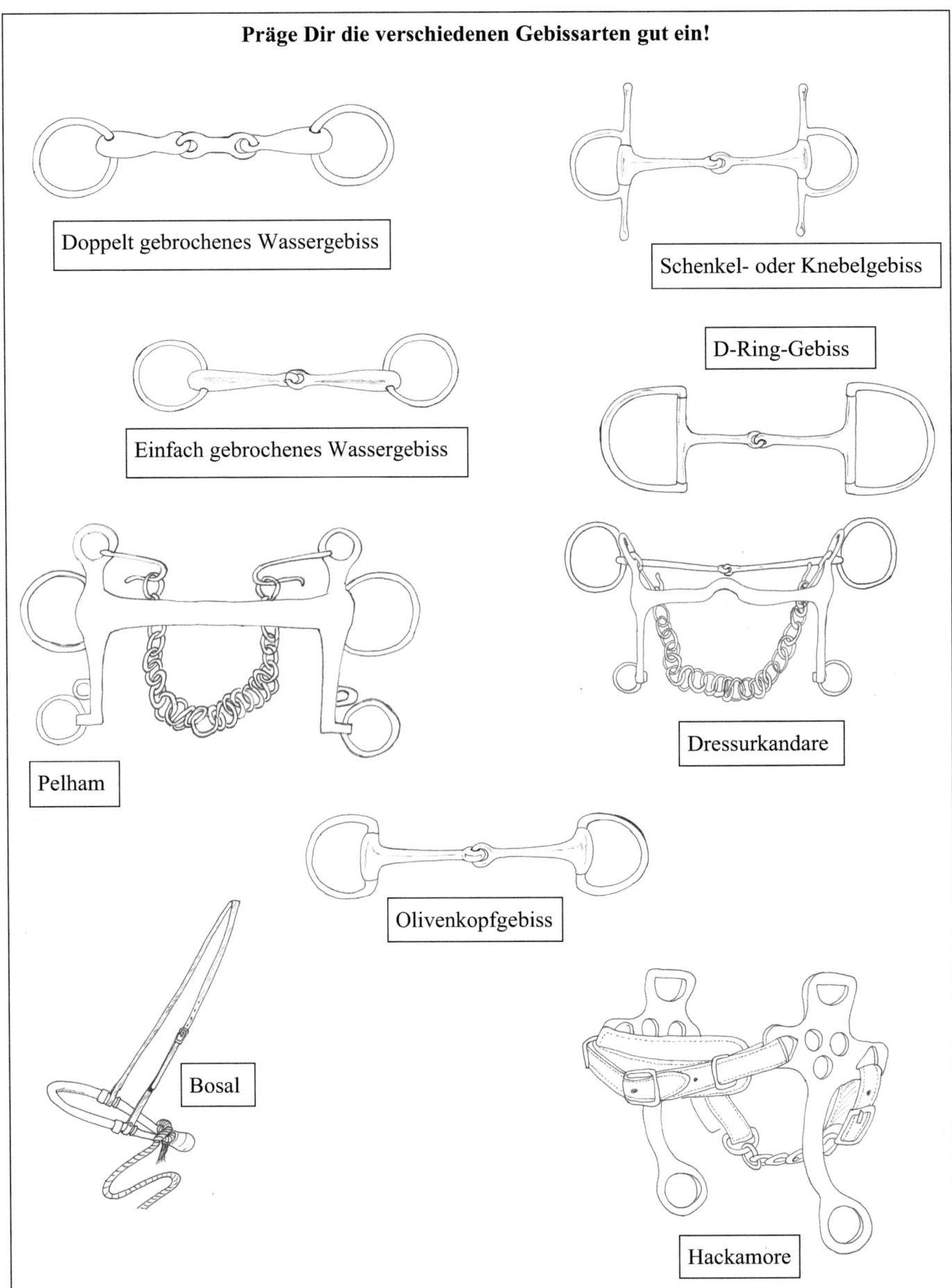

Doppelt gebrochenes Wassergebiss

Schenkel- oder Knebelgebiss

D-Ring-Gebiss

Einfach gebrochenes Wassergebiss

Pelham

Dressurkandare

Olivenkopfgebiss

Bosal

Hackamore

8

Versuche zu Beschriften!

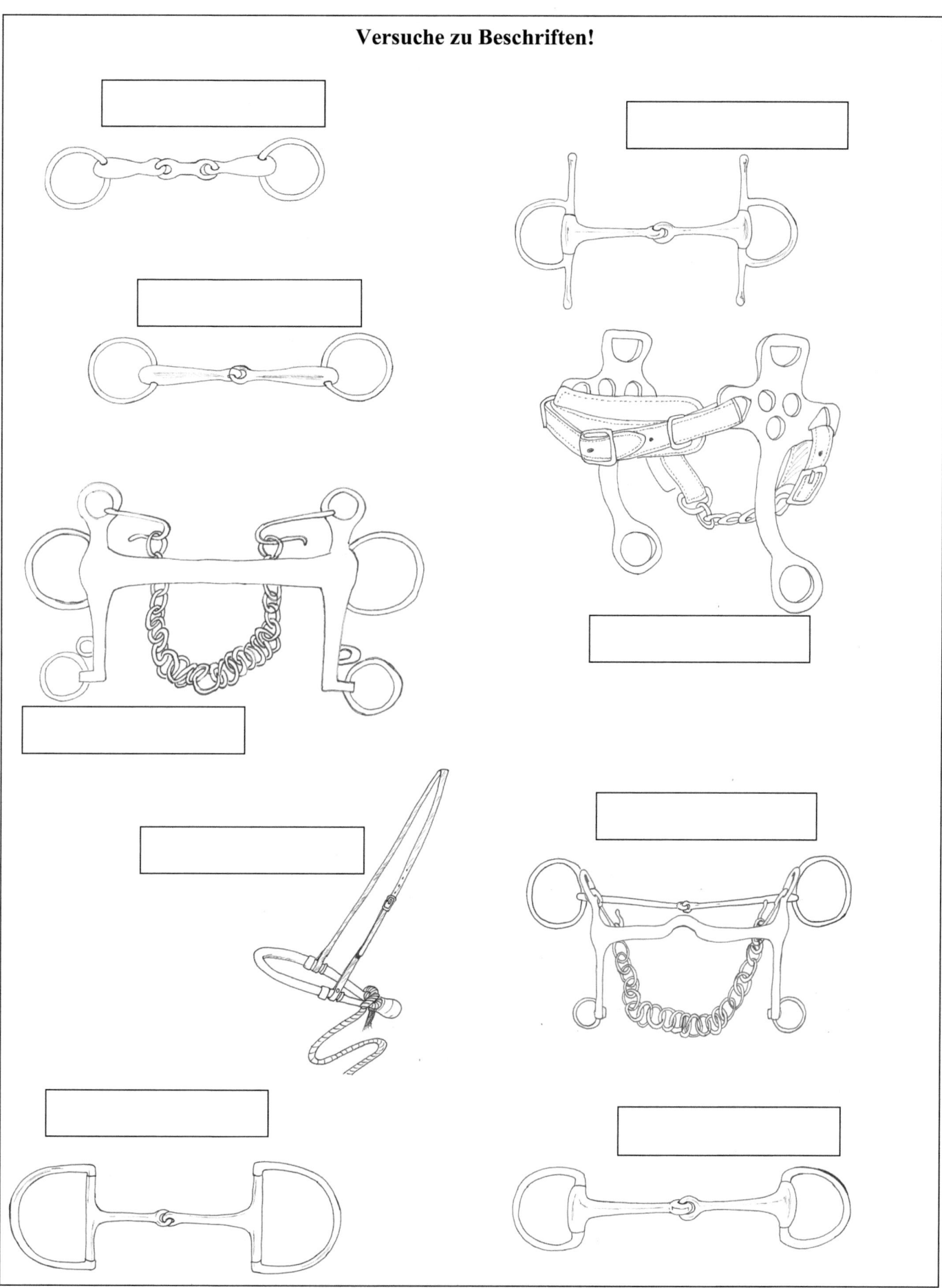

Wie sieht das einfach gebrochene Gebiss aus und wie wirkt es?	☐ Das einfach gebrochene Gebiss, welches man auch Wassertrense nennt, hat zwei gleich lange Gebissteile, die über ein bewegliches Gelenk miteinander verbunden sind. Außen hat es zwei freilaufende Ringe. Das Gebiss wirkt hauptsächlich auf die Zunge, aber auch auf den Gaumen.
Wie sieht das doppelt gebrochene Gebiss aus und wie wirkt es?	☐ Das doppelt gebrochene Gebiss hat drei Gebissteile, die beweglich miteinander verbunden sind. Das mittlere Teil ist kürzer als die beiden äußeren Teile. Außen hat es zwei freilaufende Ringe. Dieses Gebiss wirkt weniger auf den Gaumen, dafür mehr auf die Zunge und den Laden des Pferdemauls.
Wie sieht das Olivenkopfgebiss aus und wie wirkt es?	☐ Bei dem Olivenkopfgebiss laufen die Enden in breite, olivenförmige Enden aus, die unbeweglich sind. Das schont die Maulwinkel des Pferdes, und das Gebiss kann nicht so leicht durch das Maul gezogen werden.
Wie sieht das Schenkel- oder Knebelgebiss aus und wie wirkt es?	☐ Dieses Gebiss wirkt ähnlich wie ein Oliven-kopfgebiss, da es auch kaum durch das Maul gezogen werden kann. Es schont aber nicht so gut die Maulwinkel. Auch hier gibt es die Variante mit freilaufendem Ring.
Wie sieht das D-Ring-Gebiss aus und wie wirkt es?	☐ Bei dem D-Ring-Gebiss ist der Ring zum Maul hin wie der Buchstabe D abgeflacht. Auch hier ist ein Durchziehen des Gebisses durch das Maul kaum möglich. Für dieses Gebiss braucht der Reiter eine ruhige Hand.
Was ist eine Kandarenzäumung?	☐ Eine Kandarenzäumung ist eine Kombination aus zwei Gebissen, wobei eines der Gebisse mit Hebelwirkung arbeitet. Diese Hebel bezeichnet man als „Anzüge". Nur im Springsport entfällt das zweite Gebiss, die sogenannte Unterlegtrense.
Wie sieht eine Dressurkandare aus und wie wirkt sie?	☐ Bei der Dressurkandare hat man zwei Gebisse. Zum einen ein Stangengebiss und eine Unterlegtrense. Die Unterlegtrense ist eine dünnes Wassergebiss oder ein doppelt gebrochenes Gebiss. Auch die Trensenringe sind deutlich kleiner. Die Kandare drückt auf den Laden, übt Druck auf den Unterkiefer und das Genick aus. **Merke:** Dressurkandaren gehören nicht in die Hände von Anfängern!

Wie sieht eine Springkandare aus und wie wirkt sie?	☐ Springkandaren sind entweder Stangengebisse oder gebrochene Gebisse. Diese Stangengebisse bezeichnet man als Pelham. Das Pelham vereint somit sowohl die Kandare als auch die Unterlegtrense. Es hat eine Kinnkette und Anzüge wie eine normale Kandare. Die Wirkung ist auch hier wie oben beschrieben. **Merke:** Springkandaren gehören nicht in die Hände von Anfängern!
Was gibt es noch für Besonderheiten bei Gebissen?	☐ Es gibt Gebisse mit verschiedenen Geschmacksrichtungen wie Apfel oder Karotte. Außerdem gibt es Gebisse mit sogenannten Spielern, also kleinen Rädchen im Mittelteil. Diese Varianten werden bei Pferden eingesetzt, die man zur Kautätigkeit anregen möchte.
Was ist eine gebisslose Zäumung?	☐ Bei Pferden, die ein Gebiss nicht oder schlecht akzeptieren, kann man mit gebisslosen Zäumungen arbeiten. Diese Zäumungen wirken durch Druck auf das Nasenbein.
Wie sieht ein mechanisches Hackamore aus und wie wirkt es?	☐ Das mechanische Hackamore hat einen breiten Lederriemen über der Nase, der mit Metallanzügen kombiniert wird. So entsteht Druck auf das Nasenbein.
Wie sieht ein Bosal aus und wie wirkt es?	☐ Beim Bosal hat das Pferd nur einen fest geflochtenen Nasenring welcher ebenfalls Druck auf das Nasenbein ausübt. Die Anzüge entfallen hier.
Wie findet man die richtige Gebissgröße?	☐ Bei freilaufenden Trensenringen gibt man auf jeder Seite noch 1 cm dazu, da sonst seitlich die Haut des Pferdemauls eingeklemmt werden könnte. Gebisse mit festem Ring werden genau passend ausgemessen. Dies kann man gut mit einem Band abmessen. Die Gebissstärke wird an den Enden des Gebisses gemessen. Bei Großpferden müssen sie mindestens 14 mm, bei Ponys mindestens 10 mm dick sein. Bei Kandarenzäumung muss die Stange mindestens 14 mm und das Unterleggebiss mindestens 10 mm betragen.
Wählt man Gebisse mit festen oder freilaufenden Ringen?	☐ **Merke:** Ein freilaufender Ring gleicht die unruhige Reiterhand bzw. einen unruhigen Pferdekopf aus!

Kapitel 3: Bandagen und Gamaschen

🐴 Wozu benötigt das Pferd Hilfsmittel zum Schutz der Beine?	☐ Die Hilfsmittel schützen die Pferdebeine vor Prellungen, Stauchungen und Verletzungen.
🐴 Worauf muss man beim Anlegen der Gamaschen und Bandagen achten?	☐ Die Bandage wird von vorne nach hinten faltenfrei und fest, aber nicht zu eng, gewickelt. Beginnend in der Mitte des Röhrbeins wird sie erst nach unten, dann wieder nach oben gewickelt. Die halben Fesselgelenke, als auch die Sprung- bzw. Vorderfußwurzelgelenke müssen frei bleiben. Wichtig ist, dass die Beine vorher gründlich geputzt wurden! Bandagen werden grundsätzlich nicht beim Springen oder im Gelände verwendet! **Merke:** Sitzen die Gamaschen oder Bandagen zu locker, können diese rutschen, sich lösen oder es kann Dreck dazwischen kommen und scheuern. Wenn diese zu fest angelegt werden, kann die Durchblutung gestört werden oder es kann zu Sehnenproblemen kommen.
🐴 Aus welchem Material gibt es Gamaschen und welchen Unterschied gibt es zu Bandagen?	☐ Gamaschen gibt es aus Kunststoff oder aus Leder. Sie sind leichter und schneller anzulegen als Bandagen, sollten aber unbedingt gut passen.
🐴 Welche Arten von Gamaschen gibt es noch?	☐ Für das Verladen gibt es besondere Gamaschen, die Transportgamaschen. Sie sollen das Pferdebein vor Prellungen und Verletzungen beim Ein- und Ausladen schützen.
🐴 Was sind Streichkappen?	☐ Streichkappen sind etwas kleiner als Gamaschen und schützen die Fesselgelenke an den Hinterbeinen. Diese werden besonders beim Springen benutzt.
🐴 Was sind Springglocken?	☐ Springglocken werden am Fesselgelenk befestigt und schützen das Pferd vor einem Ballen- bzw. Kronentritt.
🐴 Was ist ein Ballentritt?	☐ Beim Ballentritt verletzt sich das Pferd, indem es mit dem Hinterhuf vorgreift und sich selbst in den Ballen des Vorderhufes tritt.

🐴 Was ist ein Kronentritt?	☐ Beim Kronentritt verletzt sich das Pferd, indem es sich mit dem einen Vorder- bzw. Hinterhuf auf die Krone des parallelen Hufes tritt.
🐴 Wie pflegst man diese Hilfsmittel?	☐ Ledergamaschen werden mit Lederseife und Lederfett gepflegt. Kunststoffgamaschen werden mit Wasser und Bürste gereinigt. Bandagen können in der Waschmaschine gewaschen werden.

Versuche zu Beschriften!

Kapitel 4: Bodenarbeit

🐴 Was versteht man unter Bodenarbeit?	☐ Bodenarbeit sind Übungen mit dem Pferd, die man zu Fuß ausführt und zur Verbesserung der Kommunikation zwischen Pferd und Führenden beitragen.
🐴 Was ist das Ziel der Bodenarbeit?	☐ Das Pferd soll sich willig in Richtung, Gangart und Tempo kontrollieren lassen. Führender und Pferd müssen sich dabei gut verständigen können. Der Führende sieht nach vorne und hält sich gerade.
🐴 Welche Ausrüstung benötigt der Führende?	☐ Festes Schuhwerk, Handschuhe und bei Bedarf eine Gerte. Ein Helm ist sinnvoll.
🐴 Wie ist das Pferd ausgerüstet?	☐ Das Pferd benötigt ein gut sitzendes Stallhalfter und einen Führstrick mit Karabinerhaken. Es kann auch mit Trense und Zügeln geführt werden.
🐴 Wie lauten die Hilfen bei der Bodenarbeit?	☐ Die Hilfen lauten: Stimmhilfe, Führposition und die Körperhaltung. Die Kommandos lauten: „Scheritt, Terab und Haaalt".
🐴 Welche Gerten sind möglich?	☐ Gerten sollten zwischen 100 und 160 cm lang sein. Auf jeden Fall sollten sie so lang sein, dass man das Pferd bei jeder Übung auch aus sicherer Entfernung noch berühren kann. Pferde vorher immer auf „Gertentauglichkeit" prüfen!
🐴 Einige Übungen zur Bodenarbeit:	☐ Folgende Übungen sollte man beherrschen: • Führen von Punkt zu Punkt in Schritt und Trab • Wenden des Pferdes • Rückwärtsrichten • Führen über Stangen • Führen durch einen Parcours • Führen von Hufschlagfiguren • Gangmaßwechsel in Schritt und Trab
🐴 Von welcher Seite wird geführt?	☐ Das Pferd sollte daran gewöhnt werden von beiden Seiten geführt zu werden.

🐴 Wie führt man das Pferd mit Trense?	☐ Die Zügel werden vom Hals genommen. Die linke bzw. rechte Hand teilt den Trensenzügel mit Zeige- und Mittelfinger auf, die Enden des Zügels werden gefaltet und vom Daumen gehalten. Alternativ kann auch mit beiden Händen geführt werden.
🐴 Was muss der Führende sonst noch beachten?	☐ Der Führende schreitet aufrecht und zügig mit dem Pferd und schaut dabei in die Richtung, in die er gehen möchte. Seine Körperhaltung strahlt Dominanz aus, welche das Pferd willig folgen lässt.
🐴 Welche Trainingseinheiten unterscheidet man?	☐ Es gibt das Geschicklichkeits- und Gelassenheitstraining.
🐴 Was bedeutet Geschicklichkeitstraining?	☐ Hier wird das Pferd nach Absolvierung der üblichen Bodenarbeit über am Boden liegende Stangen und durch Stangenparcours geführt. Das Pferd lernt hier Geschicklichkeit, wird geschmeidig und ausgeglichen und verliert die Angst vor Stangen und Hindernissen. Es ist eine schöne Abwechslung für Pferd und Führenden und fördert die Kommunikation zwischen den beiden Partnern.
🐴 Was bedeutet Gelassenheitstraining?	☐ Hier wird das Pferd mit alltäglichen Situationen konfrontiert, um Ängste des Pferdes langsam abzubauen. Man nutzt dabei die angeborene Neugier der Pferde. Dies muss behutsam und stufenweise trainiert werden. Voraussetzung dafür ist, dass das Pferd den Führenden als ranghöheren Partner akzeptiert hat und sich ihm anvertraut.

🐎 Was sollte man bezüglich der Sicherheit beim Aufbau der Aufgaben beachten?	☐ Stangen müssen durch Auflageblöcke gegen Wegrollen, Planen gegen Flattern gesichert werden. Podeste und Wippen müssen stabil genug sein.

Hier einige Utensilien, die bei der Bodenarbeit hilfreich sind.

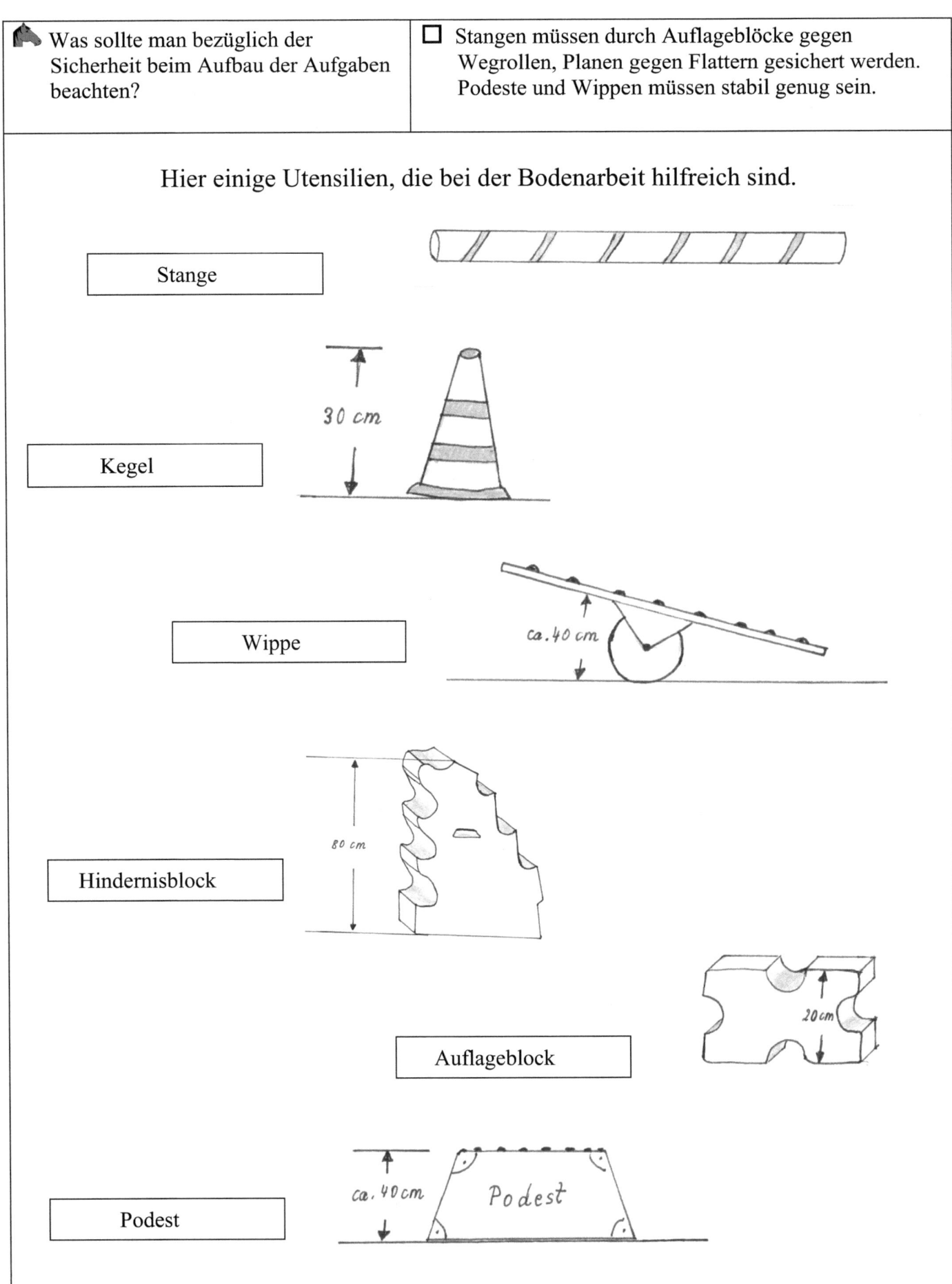

Stange

Kegel

30 cm

Wippe

ca. 40 cm

Hindernisblock

80 cm

Auflageblock

20 cm

Podest

ca. 40 cm   Podest

So können die verschiedenen Aufgaben aussehen.

Stangenlabyrinth

Stangen-L

Stangenkreuz

Stangenfächer

Unregelmäßige Stangenreihe

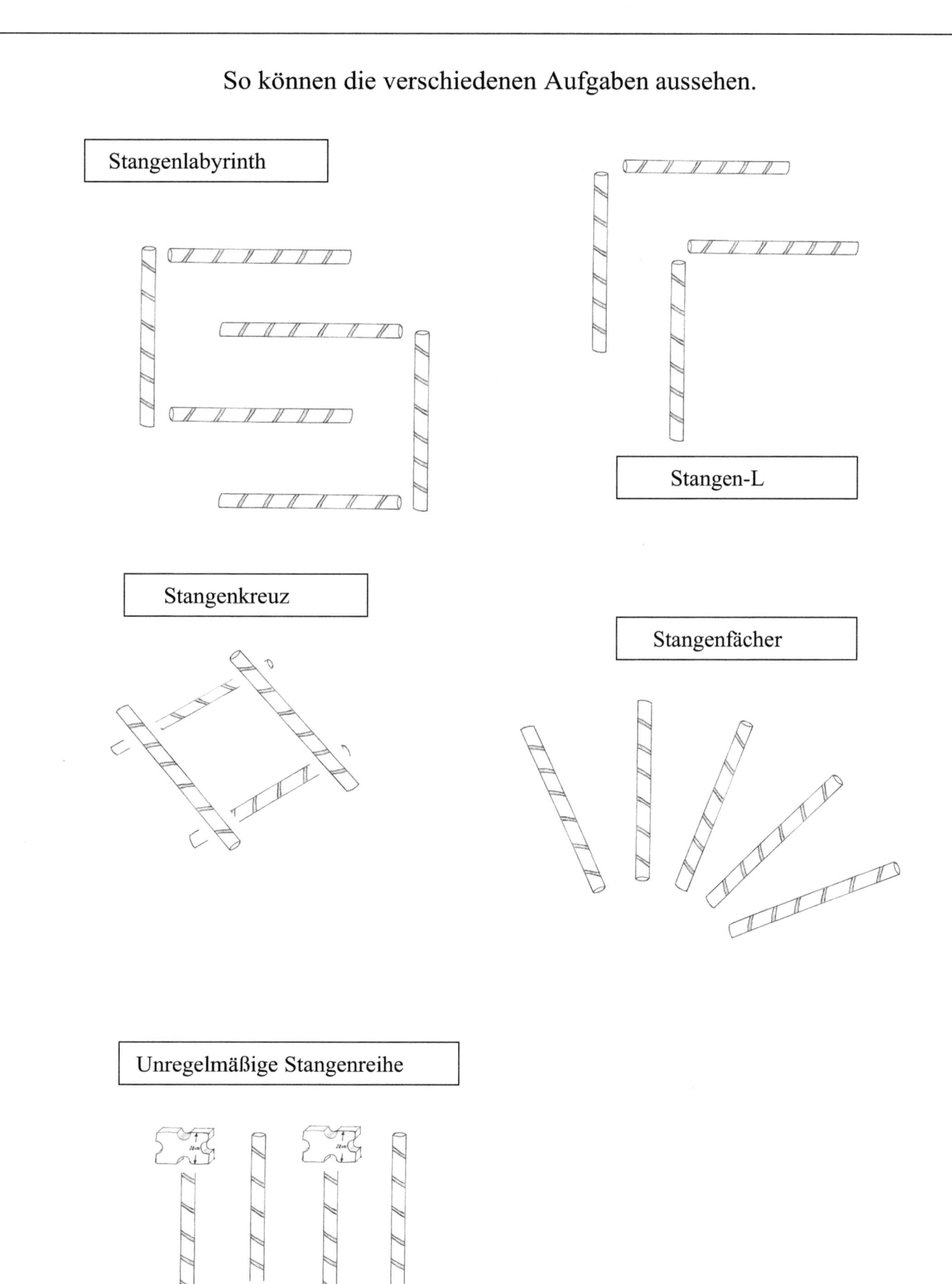

Kapitel 5: Das Vormustern

🐴 Was passiert beim Vormustern?	☐ Hier wird das Pferd an der Hand vorgestellt, um z. B. eine Eintragung in ein Zuchtbuch zu erreichen. Pferde werden auch auf Auktionen oder Körungen präsentiert.
🐴 Wie bereitet man das Pferd darauf vor?	☐ Das Pferd muss in einem hervorragenden Zustand sein. Das Fell muss glänzen, das Langhaar eingeflochten oder sauber gebürstet sein. Die Hufe sind gerundet und sauber, dürfen aber nicht gefettet sein, damit etwaige Mängel nicht verdeckt werden.
🐴 Wie rüstet man das Pferd aus?	☐ Das Pferd wird ausschließlich mit einer Trense vorgestellt. Bandagen und Gamaschen sind verboten, da diese Teile des Pferdebeines verdecken.
🐴 Was muss man beim Vormustern zeigen?	☐ Der Führende zeigt die Gangarten Schritt und Trab, als auch eine offene Aufstellung des Pferdes von beiden Seiten.
🐴 Worauf achtet die Prüfungskommission?	☐ Diese wollen Takt, Fleiß und Raumgriff sehen. Das Pferd soll sich in Schritt und Trab frei und natürlich bewegen können.

Dreiecksbahn

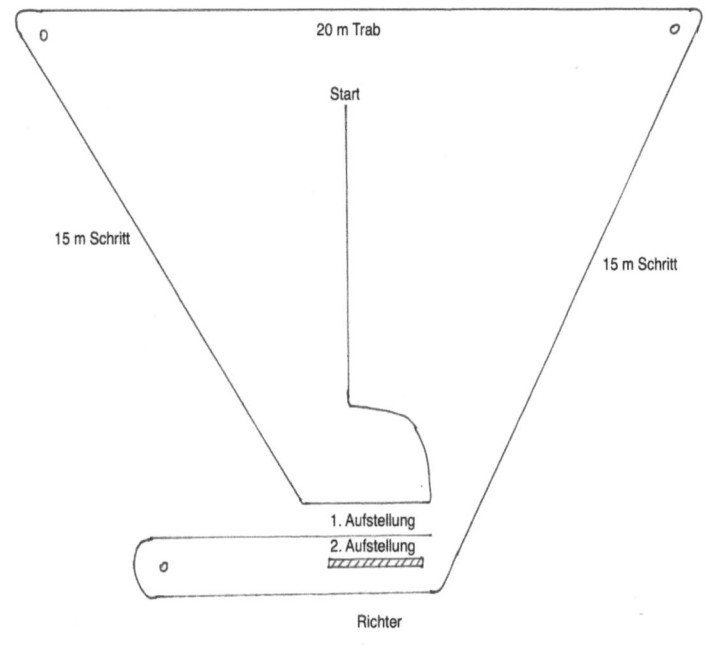

Vormustern auf gerader Linie

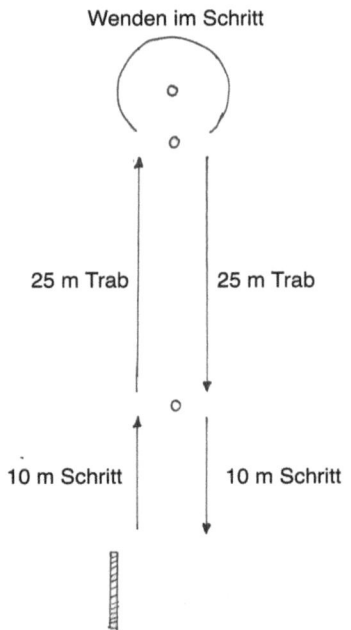

Wie ist der Weg durch die Dreiecksbahn? Zeichne ein!

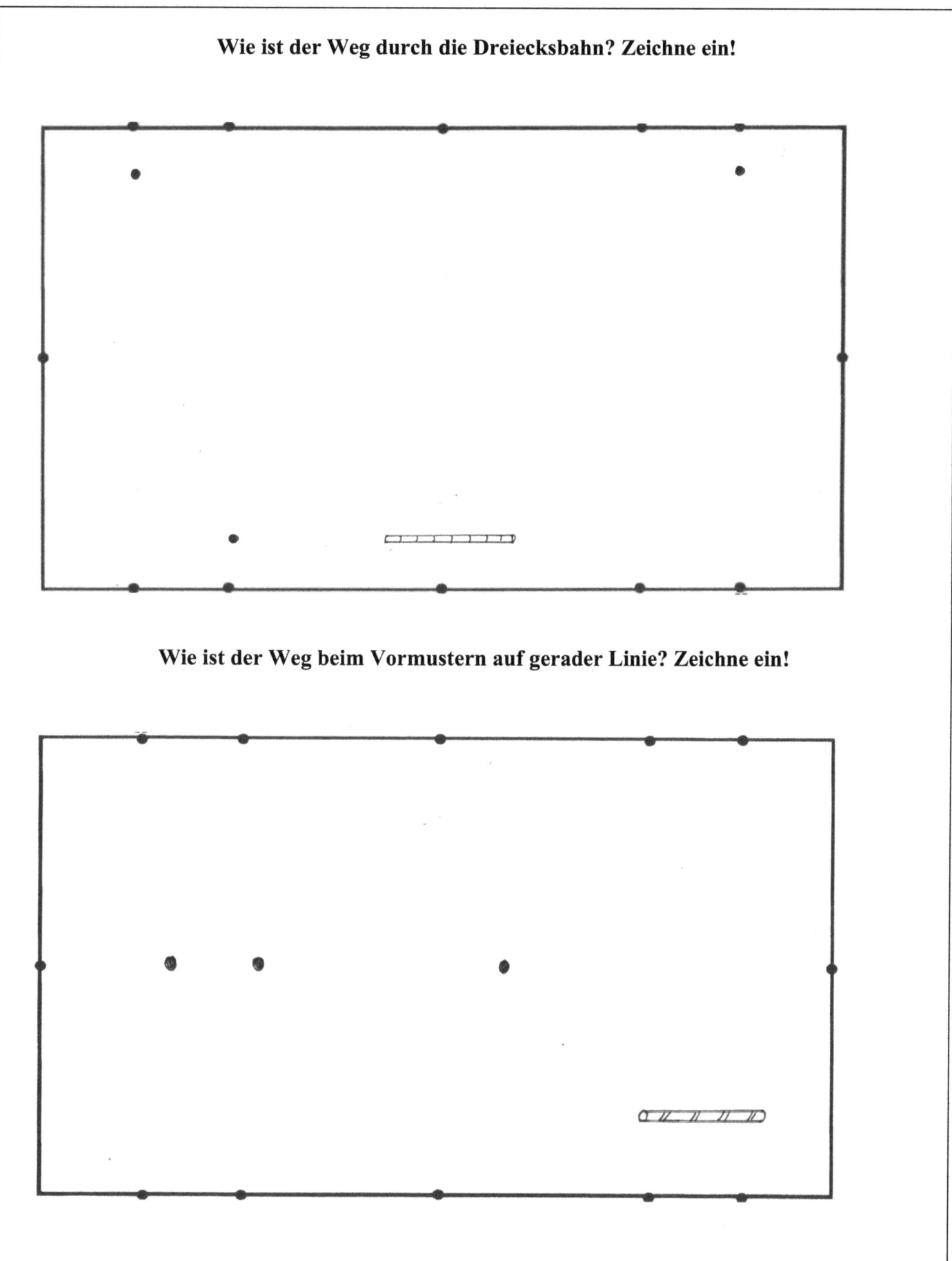

Wie ist der Weg beim Vormustern auf gerader Linie? Zeichne ein!

Was ist eine systematische Desensibilisierung?	☐ Hier lernt das Pferd optische und akustische Reize, als auch Berührungen oder Gerüche zu akzeptieren. Man setzt das Pferd diesen Reizen gezielt und mit steigender Tendenz aus und bringt damit dem Pferd bei, diese zu akzeptieren.
Was sind optische und akustische Reize?	☐ Optische Reize sind Dinge, die das Pferd sehen kann, akustische Reize sind Geräusche, die das Pferd hört.
Wie geht man bei einer systematischen Desensibilisierung vor?	☐ Hat das Pferd vor einer bestimmten Sache Angst, wird versucht das Pferd damit zu konfrontieren. Dabei ist es wichtig, dies mit der gebotenen Vorsicht und in sehr kleinen Schritten zu tun. Diese Übungen müssen sehr konsequent und manchmal über einen langen Zeitraum trainiert werden.
Wie gefährlich ist diese Arbeit mit dem Pferd?	☐ Wenn das Pferd Reizen ausgesetzt wird, vor denen es Angst hat, kann es zu extremen Reaktionen kommen, die für Pferd und Ausbilder sehr gefährlich sein können.
Wer kann eine systematische Desensibilisierung durchführen?	☐ Die Desensibilisierung sollte ausschließlich von erfahrenen Personen vorgenommen werden. Das Risiko, dass das Pferd traumatisiert oder verletzt wird, ist für Laien nicht kalkulierbar. Außerdem kann für den Durchführenden eine erhebliche Verletzungsgefahr bestehen.
Welche Pferde durchlaufen diese Ausbildung grundsätzlich?	☐ Polizeipferde oder Pferde, die bei Paraden eingesetzt werden.
Was kann man mit Turnier- und Freizeitpferden machen?	☐ Gerade für Freizeitreiter, die oft ausreiten, ist eine sogenannte Gewöhnung wichtig. Ein Pferd, das im Straßenverkehr und auch in der Natur unterwegs ist, sollte weder für den Reiter noch für andere Menschen und Tiere eine Gefahr darstellen.

🐴 Was bedeutet der Begriff „lösen"?	☐ Das Pferd ist „gelöst", wenn der Kreislauf angeregt ist, die Muskeln erwärmt sind und das Pferd dadurch unverkrampft und zufrieden mitarbeitet. **Merke:** Das Pferd kann die Muskeln an- und abspannen, ohne zu verspannen!
🐴 Wie kann man ein Pferd lösen?	☐ Anfangs wird das Pferd ein paar Runden im Schritt am hingegebenen Zügel geritten. Dann geht es weiter am langen Zügel mit gebogenen Linien im Leichttrab. Der Arbeitsgalopp und häufige Handwechsel runden die Lösearbeit ab. Trotzdem gilt, dass jedes Pferd individuell ist und jeder Reiter lernen sollte zu fühlen, was das Pferd braucht, um sich zu entspannen.
🐴 Warum ist das Lösen so wichtig?	☐ Arbeitet man mit einem ungelösten Pferd, kann es zu Sehnenverletzungen, Muskelfaserrissen und sogar Bänderrissen kommen. **Merke:** Das Lösen darf niemals ausfallen!
🐴 Woran erkennt man, ob ein Pferd bereits losgelassen ist?	☐ Ein losgelassenes Pferd geht in Dehnungshaltung, kaut auf dem Gebiss, schnaubt ab und der Schweif pendelt locker bei jedem Schritt.
🐴 Wie sieht eine Dehnungshaltung aus? 	☐ Das Pferd dehnt sich vorwärts-abwärts bis das Maul auf Höhe des Buggelenks ist. Dadurch wird der Rücken des Pferdes nach oben gewölbt, was dazu führt, dass man das Pferd leichter sitzen kann. Erst dann bildet sich der Rückenmuskel des Pferdes aus. Diesen benötigt es, um sich auszubalancieren und den Reiter zu tragen.
🐴 Wie kann man kontrollieren, ob das Pferd losgelassen ist?	☐ Dazu dient das „Überstreichen". Dabei wird der Zügel für zwei Schritte oder Tritte nach vorne gegeben. Das Pferd sollte dabei in der Dehnungshaltung bleiben.

🐴 Welche Arten von Hilfen gibt es und wie wichtig sind sie?	☐ Es gibt die Gewichtshilfen, Schenkelhilfen und Zügelhilfen - sortiert nach Wichtigkeit.
🐴 Wie lauten die Gewichtshilfen?	☐ Sie lauten: • beidseitig belastende Gewichtshilfe • einseitig belastende Gewichtshilfe • entlastende Gewichtshilfe
🐴 Wie führt man die beidseitig belastende Gewichtshilfe aus und wo setzt man sie ein?	☐ Hier wird das Becken aus der Mittelpositur bei jedem Schritt, Tritt oder Sprung des Pferdes vor und zurück gekippt. Ein An- und Abspannen der Bauch- und Rückenmuskulatur. Einsatz: Paraden, gerade Linien und Übergänge.
🐴 Wie führt man die einseitig belastende Gewichtshilfe aus und wo setzt man sie ein?	☐ Hier wird das Gewicht auf den inneren Gesäßknochen verlagert, indem man die innere Hüfte nach vorne schiebt. Einsatz: Auf allen gebogenen Linien und zum Angaloppieren.
🐴 Wie führt man die entlastende Gewichtshilfe aus und wo setzt man sie ein?	☐ Hier kommt das Gewicht vermehrt in die Steigbügel, der Oberkörper kommt leicht nach vorne. Einsatz: Bei lösenden Übungen, beim Rückwärtsrichten und zur Entlastung des Pferderückens.
🐴 Wie lauten die Schenkelhilfen?	☐ Sie lauten: • vorwärtstreibende Schenkelhilfe • verwahrende Schenkelhilfe • vorwärts-seitwärtstreibende Schenkelhilfe
🐴 Wie führt man die vorwärtstreibende Schenkelhilfe aus und wo setzt man sie ein?	☐ Der Schenkel liegt am Gurt, die hintere Oberschenkelmuskulatur wird angespannt. Einsatz: Paraden, Schwung erhalten, Anlehnung fördern.
🐴 Wie führt man die verwahrende Schenkelhilfe aus und wo setzt man sie ein?	☐ Der Schenkel liegt eine Handbreit hinter dem Gurt. Einsatz: Begrenzen auf gebogenen Linien, Schenkelweichen.
🐴 Wie führt man die vorwärts-seitwärtstreibende Schenkelhilfe aus und wo setzt man sie ein?	☐ Der Schenkel liegt kurz hinter dem Gurt. Einsatz: Schenkelweichen, Vorhandwendung, fördert die Biegung.
🐴 Wie lauten die Zügelhilfen?	☐ Sie lauten: • annehmende und nachgebende Zügelhilfe • verwahrende Zügelhilfe • seitwärtsweisende Zügelhilfe • durchhaltende Zügelhilfe

🐴 Wie führt man die annehmende und nachgebende Zügelhilfe aus und wo setzt man sie ein?	☐ Eindrehen der Faust oder Vorgeben der Faust. Einsatz: Paraden, Übergänge.
🐴 Wie führt man die verwahrende Zügelhilfe aus und wo setzt man sie ein?	☐ Die äußere Zügelhand hält den Kontakt zum Pferdemaul. Einsatz: Gebogene Linien, Wendungen, Galopp.
🐴 Wie führt man die seitwärtsweisende Zügelhilfe aus und wo setzt man sie ein?	☐ Die innere Hand führt den Zügel wenige Zentimeter vom Hals des Pferdes weg. Einsatz: bei engeren Wendungen und jungen Pferden.
🐴 Wie führt man die durchhaltende Zügelhilfe aus und wo setzt man sie ein?	☐ Bei geschlossener Faust wird das Pferd vermehrt an die Hand herangetrieben. Einsatz: Paraden, Übergänge.
🐴 Erkläre den Begriff Stellung! 	☐ Bei der Stellung wendet das Pferd seinen Kopf im Genick entweder zur linken oder rechten Seite in Bewegungsrichtung. Der Rest des Pferdekörpers bleibt gerade. **Merke:** Ein Pferd sollte beim Reiten auf gebogenen Linien immer gestellt sein!
🐴 Erkläre den Begriff Biegung! 	☐ Nur wenn das Pferd entsprechend gestellt ist, kann es sich auch biegen. Hier wird beim Pferd die gesamte Längsachse gekrümmt. Dies passiert nicht gleichmäßig, denn die einzelnen Wirbel sind unterschiedlich beweglich. So sind die Halswirbel sehr beweglich, aber die Brustwirbel schon weniger und die Kreuzwirbel sind starr. Deshalb ist es wichtig, das Pferd im Rippenbereich zu biegen. Man wickelt sich das Pferd sozusagen um das Reiterbein! **Merke:** Es gibt keine Biegung ohne Stellung, während Stellung ohne Biegung durchaus möglich ist.
🐴 Was ist eine halbe Parade?	☐ Das Pferd wird durch ein kurzes Einsetzen der Gewichts-, Schenkel- und Zügelhilfe kurz eingerahmt. Dies fördert die Kommunikation zwischen Pferd und Reiter - es entsteht hoffentlich eine Einheit.
🐴 Was ist eine ganze Parade?	☐ Eine ganze Parade führt immer zum Halten wobei das Pferd geschlossen stehen sollte. Sie wird durch eine halbe Parade eingeleitet.

Wie reitet man eine ganze Parade korrekt?	☐ Eine ganze Parade führt immer zum Halten wobei das Pferd geschlossen stehen sollte. Sie wird durch eine halbe Parade angekündigt und kann nur korrekt geritten werden, wenn das Pferd gut einfußt. Der Schenkel treibt das Pferd in den angenommenen Zügel hinein, es folgt der nachgebende Zügel, die beidseitig belastende Gewichtshilfe und die Aufrichtung des Reiters. In diesem Moment kommt das Pferd dann korrekt zum Halten.
Wie reitet man eine halbe Parade und wozu benögt man sie?	☐ Bei der halben Parade treibt man mit Gewichts- und Schenkelhilfen. Der Zügel wird dabei kurz angenommen und wieder nachgegeben. Dadurch wird eine Änderung der Richtung oder der Gangart eingeleitet. Man macht dies auch, um das Pferd auf sich aufmerksam zu machen.
Wie sieht ein korrekt gerittener Schritt aus?	☐ Der Schritt sollte taktrein und schreitend sein. Dazu muss die Hinterhand aktiv sein, und das Pferd muss gut einfußen. Das Pferd geht dabei in die Dehnungshaltung und lässt Hals und Kopf fallen.
Was bedenkt man beim Zügelmaß auf gebogener Linie?	☐ Das Zügelmaß ist gemessen an Trab oder Galopp etwas länger, wobei der äußere Zügel lenkt und der innere Zügel das Pferd stellt.
Was meint man mit dem Begriff „Einfußen"?	☐ Fußt das Pferd ein, so tritt der hintere Huf in den Abdruck des vorderen Hufes, oder sogar darüber. Dann kommt der Schub aus der Hinterhand.
Was ist die sogenannte „Nickbewegung"?	☐ Nur im Schritt gibt es eine Nickbewegung des Kopfes. Dieser Nickbewegung sollte der Reiter sanft nachgeben.
Wie funktioniert das Rückwärtstreten?	☐ Rückwärtstreten dient zur Überprüfung der Losgelassenheit. Das Pferd wird mit dem vorwärtstreibenden Schenkel und beidseitig belastender Gewichtshilfe in den gehaltenen Zügel getrieben. In dem Moment, in dem das Pferd antreten möchte, werden diese leicht angenommen um das Pferd rückwärts treten zu lassen. Dies passiert in einem Zweitakt – deshalb spricht man von Tritten!

![horse icon] Wie funktioniert die diagonale Hilfengebung?

☐ Eine diagonale Hilfengebung ist das gefühlvolle und aufeinander abgestimmte Einwirken des linken Schenkels und des rechten Zügels und umgekehrt. Dabei treibt der jeweils innere Schenkel das Pferd gegen den verwahrenden äußeren Zügel. Der äußere Zügel sorgt dafür, dass das Pferd begrenzt wird und nicht über die Schulter ausfällt. Der äußere verwahrende Schenkel lässt die Biegung zu und begrenzt das Pferd. Dabei darf die Vorwärtsbewegung nicht verloren gehen. Der innere Zügel sorgt durch weiches Annehmen und Nachgeben für eine korrekte Stellung des Pferdes nach innen. Der innere Gesäßknochen wird dabei vermehrt belastet.

Beschrifte mit folgenden Begriffen:
4 x Diagonale, 2 x verwahren, stellen, treiben

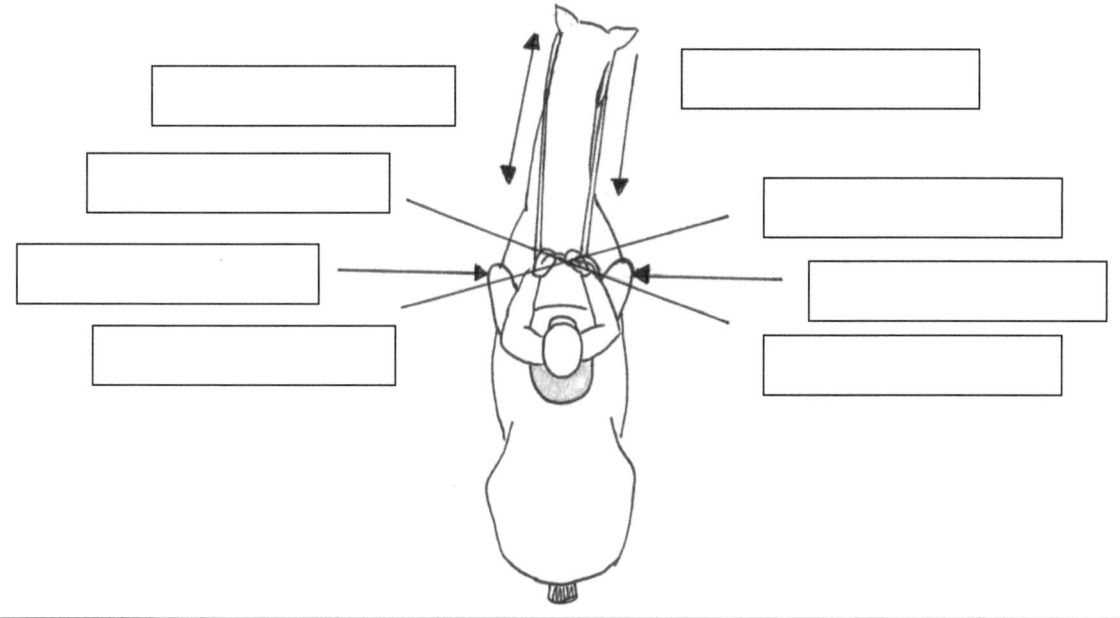

![horse icon] Wie reitet man eine Vorhandwendung mit den korrekten diagonalen Hilfen?

☐ Man kann die diagonale Hilfengebung gut an einer Vorhandwendung oder einer Volte üben. Eine Vorhandwendung wird immer aus dem Halten geritten. Dabei soll das Pferd geschlossen auf dem zweiten Hufschlag stehen. Das Pferd soll nun eine 180 Grad-Wendung vollführen. Dazu benötigt man die diagonale Hilfengebung. Der innere Zügel stellt das Pferd zur Bande, wobei der innere seitwärtstreibende Schenkel die Hinterhand um die Vorderhand herum treibt. Der äußere verwahrende Zügel sorgt dafür, dass das Pferd nicht zu sehr gestellt wird. Der äußere verwahrende Schenkel sorgt dafür, dass das Pferd nicht eilig wird, sondern die Übung Schritt für Schritt ausführt. Dabei muss der innere Hinterfuß vor und über den äußeren treten. Der äußere Vorderfuß tritt auf einem kleinen Halbkreis um das innere Vorderbein herum. Das Gewicht wird einseitig nach innen verlagert. Um ein Rückwärtstreten zu vermeiden, muss der Reiter gut einsitzen, angemessen nach vorne treiben und mit einer halben Parade entgegen wirken.

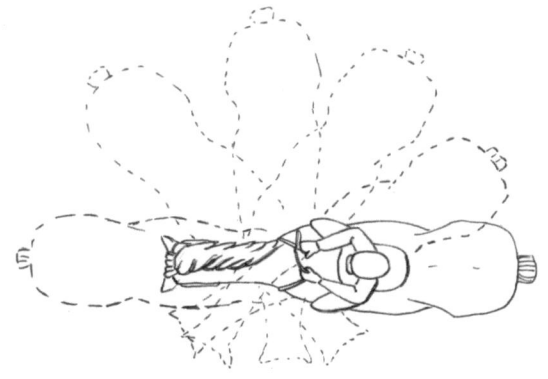

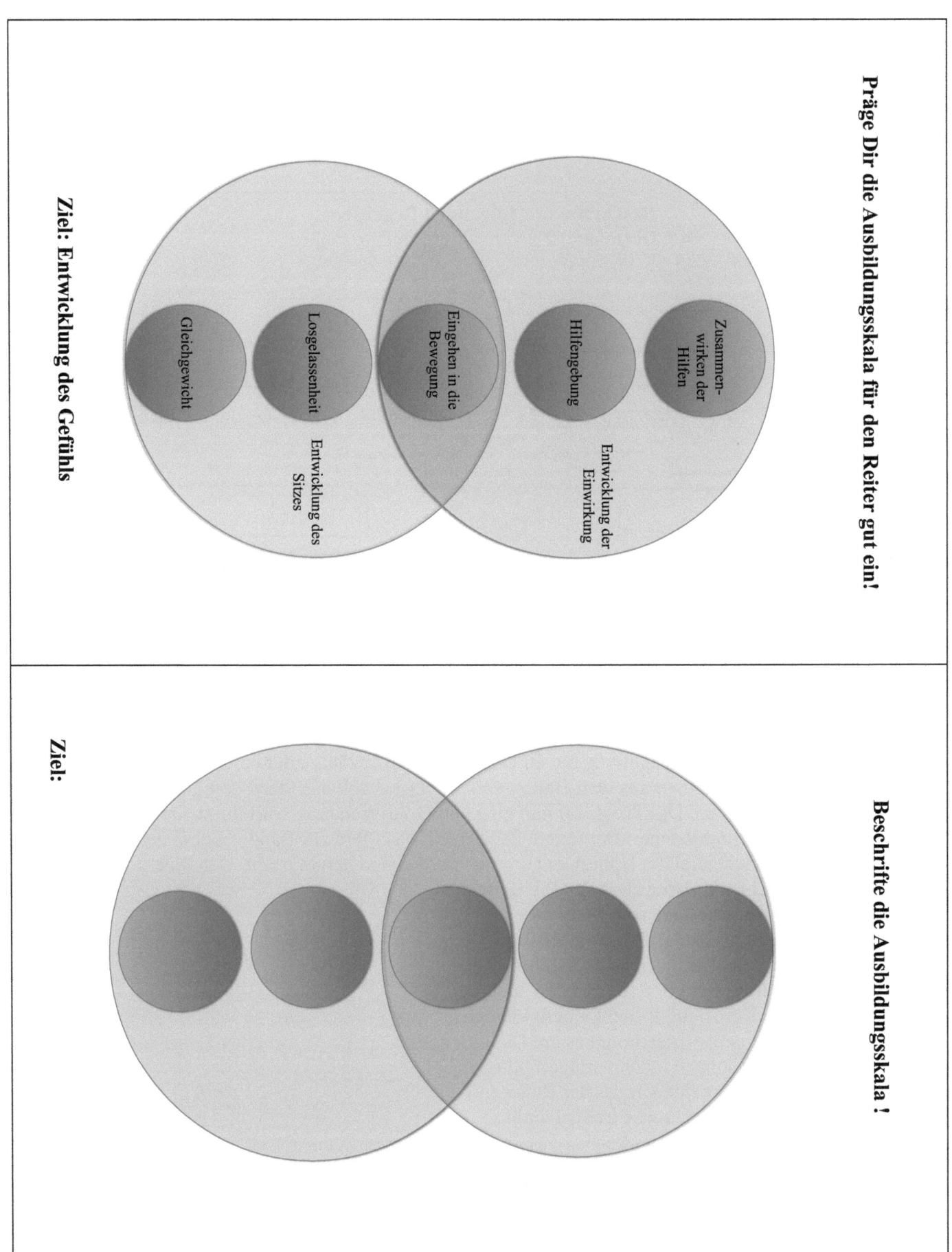

Präge Dir die Ausbildungsskala für den Reiter gut ein!

Ziel: Entwicklung des Gefühls

Gleichgewicht

Losgelassenheit

Entwicklung des Sitzes

Eingehen in die Bewegung

Hilfengebung

Zusammen-wirken der Hilfen

Entwicklung der Einwirkung

Ziel:

Beschrifte die Ausbildungsskala !

Was versteht man unter der Sitzgrundlage?

☐ Die Sitzgrundlage bildet die Grundlage für alle weiteren Sitzarten. Der Reiter sitzt mit beiden Gesäßknochen gleichmäßig belastend im tiefsten Punkt des Sattels. Die Steigbügel sollten so verschnallt sein, dass schnelle Übergänge zwischen Aussitzen und Entlasten einfach möglich sind. Diese Sitzform ist flexibel und bietet die Möglichkeit, schnell zwischen einem tiefen Sitzen und einem leicht entlastenden Sitz zu wechseln. Das sorgt für ein stabiles Sitzfundament und mehr Sicherheit, da sich der Reiter, je flexibler er ist, auch schnell an neue Bewegungen anpassen kann.

Wie sieht der Grundsitz aus?

☐ Für den Grundsitz muss eine sichere Sitzgrundlage vorhanden sein. Auch dieser sollte flexibel und elastisch bleiben, jedoch werden die Unterschiede zwischen Entlasten und Belasten weniger deutlich sichtbar.
Der Reiter sitzt aufrecht im Sattel ohne steif zu werden. Dabei sollte es möglich sein, eine Linie vom Ohr über die Schulter, Hüftgelenk und schließlich das Fußgelenk zu ziehen.
Ebenso sollen Unterarm, Zügel und Pferdemaul eine Linie bilden.
Das aufrechte Sitzen erfolgt aus dem Becken heraus. Richtet sich das Becken auf, so kommen Oberkörper und Kopf auch in die richtige Position.

Wann reitet man im Grundsitz?	☐ Der Grundsitz wird vor allem für die Dressuraufgaben gebraucht und ist der übliche Sitz, den man beim Reiten einnimmt.

Wie sieht der leichte Sitz aus?

☐ Für den leichten Sitz werden die Bügel so verschnallt, dass der Reiter sein Gewicht leichter abfedern und sich schneller den verändernden Bewegungen anpassen kann, wie z. B. beim Springen oder im Gelände. Dabei wird der Oberkörper aus der Hüfte nach Bedarf vermehrt nach vorne geneigt. Je mehr der Oberkörper nach vorne geht, desto mehr muss das Gesäß nach hinten verschoben werden. Nur so bleibt der Reiter im Gleichgewicht. Durch die kürzeren Steigbügel entsteht eine stärkere Winkelung und ein fester Knieschluss. Der Bügel wird etwas weiter aufgenommen und der Absatz bleibt tiefster Punkt. Das Fußgelenk federt die Bewegungen ab. Natürlich gilt auch hier, dass Unterarm, Zügel und Pferdemaul eine Linie bilden. Durch den vorgehenden Oberkörper muss das Zügelmaß jedoch vorher verkürzt werden.
Merke: Das wichtigste am leichten Sitz ist das Fundament. Es besteht aus Knie – Unterschenkel – Absatz.

Wann reitet man im leichten Sitz?	☐ Der leichte Sitz entlastet den Pferderücken. Deshalb kann man ihn zur Lösearbeit, als auch zum Reiten über Stangen und Bodenricks und zum Bergauf- und Bergabreiten verwenden. Er wird auch bei jungen oder rückenempfindlichen Pferden gebraucht.

🐴 Wie sieht der Reiter aus, wenn er im Springsitz reitet?

☐ Der Oberkörper geht etwas mehr vor die Senkrechte und der Po hat fast keinen Kontakt mehr zum Sattel. Die Hände schmiegen sich etwas tiefer an den Pferdhals. Ansonsten bleibt auch hier alles wie im Grundsitz.

🐴 Wann reitet man im Springsitz?	☐ Den Springsitz braucht man zum Springen oder im höheren Galopptempo. Er gibt dem Pferd maximale Rückenfreiheit.

Beschrifte die drei verschiedenen Sitzarten!

🐴 Welche Gelenke müssen beim Reiten locker sein?	☐ Kopfgelenk, Kiefergelenk, Schultergelenk, Ellbogen, Handgelenk, Hüftgelenk, Mittelpositur, Kniegelenk und Fußgelenk.
🐴 Was ist noch viel wichtiger als ein korrekter Sitz?	☐ Wichtiger ist es, dass der Reiter losgelassen und geschmeidig auf dem Pferd sitzt. Losgelassen heißt, dass der Reiter körperlich und geistig entspannt – also auch angstfrei ist. **Merke:** Ist der Reiter angespannt, wird sich das Pferd nicht lösen!
🐴 Warum ist ein geschmeidiger Sitz so wichtig?	☐ Nur wer losgelassen und geschmeidig auf dem Pferd mitschwingt, ist in der Lage, die Gewichts-, Schenkel- und Zügelhilfen korrekt einzusetzen und die Zügelhilfen unabhängig vom Sitz zu geben.
🐴 Wie wird die Bügellänge in den einzelnen Möglichkeiten gewählt?	☐ Für den leichten Sitz sollte man die Bügel etwa 2-3 Loch kürzer einstellen. Die Länge der Steigbügel ist bei jedem Reiter individuell. Lässt der Reiter die Beine locker hängen, dann sollte die Trittfläche auf Höhe der Fußgelenke sein.

🐎 Wie kann man erste Sprünge erlernen?	☐ Als Vorbereitung kann man Bodenricks reiten, bestehend aus drei Meter breiten Stangen. Diese werden in einer Höhe von 15 - 40 cm aufgebaut. Stangen sollten nie direkt auf dem Boden liegen, sondern immer auf Blöcken. Ansonsten besteht Verletzungsgefahr, da die Stangen wegrollen könnten.
🐎 Wie werden Bodenricks in Reihe aufgebaut?	☐ Bei Großpferden gilt: Schritt 80 – 90, Trab 120 - 140 cm und im Galopp ca. 3 Meter. Bei Ponys sind entsprechend kleinere Abstände zu wählen. Wenn es auf gerader Linie klappt, können die Bodenricks auch auf gebogenen Linien aufgebaut werden, als Vorübung für das korrekte Reiten von Parcourslinien.
🐎 Wie geht es nach den Bodenricks weiter?	☐ Ist der Reiter gut ausbalanciert, kann er erste Einzelsprünge reiten. Dafür eignet sich ein kleines Kreuz, und wenn nötig kann noch eine Trabstange vor das Hindernis gelegt werden. Im Trab 2,20 und im Galopp ca. 3 Meter davor. Dadurch wird Pferd und Reiter der Moment des Absprungs erleichtert.
🐎 Wie geht es nach dem Einzelsprung weiter?	☐ Wenn der Einzelsprung klappt, kommt die Springreihe. Diese dient vor allem zur Rhythmusschulung. Die Springreihe kann unterschiedlich schwierig aufgebaut sein. Sie sollte auch immer wieder variiert werden.
🐎 Was kommt nach den Springreihen?	☐ Werden diese beherrscht, kommt es zu einer Folge von Einzelsprüngen im Galopp. Hier lernt der Reiter den korrekten Weg, die sogenannte Linienführung, durch den Parcours zu finden.
🐎 Worauf kommt es beim korrekten Parcoursspringen an?	☐ Wichtig ist, dass die Linienführung korrekt ist. Die Sprünge sollen ausbalanciert und harmonisch sein. Das Tempo und der Rhythmus müssen erhalten bleiben. In den Wendungen muss die diagonale Hilfengebung zur Anwendung kommen. Der Reiter muss darauf achten, dass sein Pferd im Handgalopp ist und gegebenenfalls durchparieren und korrigieren.

🐎 Wie sind die einzelnen Phasen eines Sprunges?	☐ Jeder Sprung besteht aus vier Phasen: Anreitephase, Absprungphase, Flug- und Landephase und die Phase des Weiterreitens.
🐎 Was muss der Reiter bei der Anreitephase beachten?	☐ Er reitet das Hindernis mittig und gerade an und blickt über den Sprung hinweg. Dabei muss er den Sprung im richtigen Tempo anreiten. Dies hängt von Art und Höhe des Hindernisses ab.
🐎 Was muss der Reiter bei der Absprungphase beachten?	☐ Der Reiter kann den Moment des Absprungs erfühlen. Dabei soll er dem Pferd den Sprung erleichtern, indem er in den leichten Sitz geht.
🐎 Was muss der Reiter bei der Flug- und Landephase beachten?	☐ Den Moment der Landung muss der Reiter auch wieder erfühlen und dann den Schwerpunkt nach hinten verlagern und sich wieder vermehrt in den Sattel setzen.
🐎 Was muss bei der Phase des Weiterreitens beachtet werden?	☐ Nun gibt der Reiter wieder vermehrt die vorwärtstreibenden Hilfen, um das Pferd ins Tempo zu bekommen. Um den nächsten Sprung anzureiten geht er wieder in den leichten Sitz.

Beschrifte die einzelnen Phasen des Sprungs!

🐎 Was ist damit gemeint: „Der Reiter bleibt vor der Bewegung beim Sprung"?	☐ Wenn der Reiter vor der Bewegung bleibt, steht er bereits auf, bevor das Pferd abspringt. Er geht zu früh in den leichten Sitz und verliert dadurch seine Balance.
🐎 Was ist damit gemeint: „Der Reiter bleibt hinter der Bewegung beim Sprung"?	☐ Hier kommt der Reiter mit seinem Gewicht nicht weit genug aus dem Sattel und macht dem Pferd beim Sprung den Rücken nicht frei. Der Zügel kann dadurch nicht weit genug vorgegeben werden.

Kapitel 11: Reiten in der Gruppe

🐴 Wie beginnt und beendet man einen Ausritt?	☐ Es sollte am Anfang und am Ende des Ausrittes immer eine Schrittphase von zehn Minuten geben.
🐴 Wie geht es nach der Aufwärmphase weiter?	☐ Es folgt eine lösende Trabphase, aus der dann auch der erste ruhige Galopp folgen kann.
🐴 Welche Tempi wählt man für Trab und Galopp?	☐ Der Trab sollte einem frischen Arbeitstrab entsprechen, der Galopp dem Mittelgalopp, was etwa 300 Meter in der Minute entspricht.
🐴 Wie wird im Gelände getrabt?	☐ Man trabt im Gelände immer leicht, um den Pferderücken zu entlasten. Man vergisst dabei nicht, regelmäßig den Fuß zu wechseln.
🐴 Wie wird im Gelände galoppiert?	☐ Man galoppiert im Gelände im leichten Sitz, um den Pferderücken zu entlasten. Dabei muss immer wieder vom Links- in den Rechtsgalopp gewechselt werden. Wenn man den fliegenden Galoppwechsel nicht beherrscht, pariert man zum Trab durch, stellt das Pferd zur anderen Seite und galoppiert erneut an.
🐴 Wie reitet man nach einer Galoppphase?	☐ Nach der Galoppphase kommt immer eine ausgiebige Schrittphase, damit sich Puls und Atmung wieder normalisieren.
🐴 Welche Phasen sollte der Ausritt beinhalten?	☐ Man gliedert den Ausritt in eine Lösephase, eine Arbeitsphase und eine Entspannungsphase.
🐴 Wie reitet man Hänge bergauf?	☐ Man reitet immer senkrecht hinauf, damit das Pferd nicht seitlich abrutscht. Dabei nimmt der Reiter den leichten Sitz ein. Wird es sehr steil, nimmt man die Mähne zur Hilfe. Der Reiter muss die Kontrolle behalten, um gefährliche Sätze aufwärts zu vermeiden.
🐴 Wie reitet man Hänge bergab?	☐ Auch hier reitet man senkrecht hinab. Der Reiter nimmt den leichten Sitz ein und entlastet den Pferderücken. Vorsicht vor unkontrollierten Sprüngen abwärts!

🐴 Wie reitet man durch Wasserläufe?	☐ Nicht alle Pferde lieben Wasser! Vorneweg sollte ein Pferd gehen, das Wasserdurchtritte kennt. Pferde nicht im Wasser scharren lassen - sie könnten sich dann hinlegen und wälzen! Geduld ist von Vorteil.
🐴 Wie beendet man den Ausritt?	☐ Wie schon beschrieben, endet der Ausritt mit einer Schrittphase. Das Pferd sollte dabei am langen Zügel in einer Art „Bummelschritt" entspannt werden. Dies dient auch zur psychischen Entspannung des Pferdes.
🐴 Was beachtet man bezüglich der Kräfte des Pferdes?	☐ Grundsätzlich gilt, dass man mit den Kräften des Pferdes gut haushalten muss. Das Pferd sollte nicht zu stark schwitzen.
🐴 Wie lange sollte ein Ausritt dauern?	☐ Der übliche Kurzausritt dauert etwa zwei Stunden. Dies kann man jedem gesunden Pferd auch getrost zumuten. Längere Ausritte dauern drei bis fünf Stunden.
🐴 Wo kann man gefahrlos Galoppieren?	☐ Man soll nur auf übersichtlichem, ebenem oder auf leicht ansteigendem Gelände galoppieren. Der Boden soll weich und federnd und nicht zu tief sein.
🐴 Wo kann Reiten gefährlich werden?	☐ Bei morschen Brücken, unbekannten Gewässern und sumpfigem Gelände.
🐴 Wie verhält man sich bei Brücken?	☐ Bei schmalen Brücken oder Autobahnbrücken ist es sicherer, das Pferd zu führen. Das gilt auch für Tunnel.
🐴 Wie reitet man das Pferd an Gegenständen vorbei, vor denen es scheut?	☐ Man versucht, im Schenkelweichen oder im Schulterherein vorbeizureiten.
🐴 Wie kann man ein durchgehendes Pferd wieder zur Ruhe bringen?	☐ Man versucht, das Pferd in immer kleiner werdenden Volten wieder unter Kontrolle zu bekommen. Allerdings braucht man dafür auch einigen Platz.

Was sind die Gebote beim Reiten auf der Straße?	☐ Jeder Verkehrsteilnehmer muss sich so verhalten, dass kein anderer geschädigt, gefährdet, behindert oder belästigt wird.
Wo reitet man, wenn kein Reitweg vorhanden ist?	☐ Ist ein Reitweg vorhanden, **muss** dieser benutzt werden. Ansonsten wird ganz rechts und hintereinander geritten.
Wie reitet man auf der Straße?	☐ Auf der Straße reitet man immer im Schritt.
Was beachtet man beim Reiten im Straßenverkehr?	☐ Hier muss man in kritischen Situationen die Zügel verkürzen. Dabei soll das Pferd immer wieder durch Annehmen und Nachgeben der Hand beruhigt werden.
Wie reitet man im Straßenverkehr mit einem Pferd, das noch nicht sicher ist?	☐ Man deckt das unsichere Pferd mit einem ruhigem Pferd ab, das heißt, man verstellt ihm die Sicht auf den Verkehr.
Wie überquert man eine Straße?	☐ Grundsätzlich überqueren alle Reiter zeitgleich die Straße, indem sie alle auf Kommando der Tete abwenden. So wird vermieden, dass die Straße unnötig lange blockiert wird.
Welche Gefahren bestehen ?	☐ Man muss streng darauf achten, dass keine Lücke zwischen den Pferden entsteht, damit kein Fahrzeug dazwischen durchfahren kann. Von der Gruppe getrennte Pferde könnten leicht nervös werden. Autofahrer, die rücksichtsvoll anhalten, kann man durch Handzeichen freundlich danken.
Wo werden Pferde auf der Straße geführt?	☐ Auch für das Führen von Pferden gelten die Verkehrsregeln für den Straßenverkehr. Also immer in Fahrtrichtung.
Was beachtet man in der Dämmerung oder bei schlechter Sicht?	☐ In diesem Fall muss man eine nicht blendende Leuchte mit weißem Licht mitführen. Auch Stiefelleuchten am linken Bein sowie reflektierende Kleidung sind empfehlenswert.
Was ist grundsätzlich im Straßenverkehr verboten?	☐ Pferde, die den Verkehr gefährden, dürfen nicht auf die Straße!

Kapitel 13: Reiten in Wald und Feld

Wo darf man im Wald reiten?	☐ Grundsätzlich nur auf Wegen und Straßen. Einzelheiten werden in den verschiedenen Ländern unterschiedlich geregelt.
Wo reitet man auf Feldwegen mit tiefen Treckerspuren?	☐ Hier reitet man auf dem Mittelstreifen.
Wo darf man im Wald keinesfalls reiten?	☐ Durch Forstkulturen, Dickungen, eingesäte Äcker und alle Neuanpflanzungen. Verboten sind auch Wiesen, Felder, Fuß- und Radwege. In den Wintermonaten darf man nur mit Genehmigung des Besitzers über Wiesen reiten.
Wo bekomme ich darüber Informationen?	☐ Bei dem zuständigen Forst- und Landwirtschaftsamt oder bei den ansässigen Reitvereinen. Die Landesverbände warten auch mit Merkblättern auf.
Wie überquert man Wiesen und Felder in einer Gruppe?	☐ Vorher unbedingt die Erlaubnis einholen! Dann verteilen sich die Reiter auf der ganzen Breite, um möglichst wenig Flurschaden zu verursachen.
Was beachtet man bezüglich der Jagdzeiten?	☐ Während der Jagdzeiten sollte nicht vor sieben Uhr morgens und nicht nach 19 Uhr geritten werden. Die Jagdzeiten sind in den Bundesländern unterschiedlich geregelt. Man kann sie beim zuständigen Forstamt erfragen.
Wie verhält man sich, wenn man Fußgängern oder Radfahrern begegnet?	☐ Der Anfangsreiter pariert die Gruppe zum Schritt durch. Es wird in einem großen Bogen um diese Verkehrsteilnehmer herum geritten. Man kann auch höflich grüßen.
Was beachtet man bei langanhaltender Nässe?	☐ Bei nassen Böden ist die Rutschgefahr deutlich höher, und man macht auch deutlich mehr Flurschaden!
Warum sollte man die Wettervorhersage vor dem Ausritt befragen?	☐ Pferde reagieren auf Witterungseinflüsse. Bei Hitze sollten sich das Pferd und der Reiter nicht überanstrengen. Vorsicht bei Gewitter oder Sturm. Dann auf den Ausritt verzichten oder schnell Schutz suchen. Vorsichtig auch bei Glatteis!

Kapitel 14: Skala der Ausbildung

🐴 Was versteht man unter Dressurreiten bzw. klassischem Reiten?	☐ Hier wird das Pferd einer Ausbildung unterzogen, die der Gesunderhaltung und Fortbildung von Körper und Geist des Pferdes dient. Dabei steht die Gymnastizierung im Vordergrund.
🐴 Was ist die Skala der Ausbildung?	☐ Die Skala der Ausbildung ist eine Richtlinie zur Ausbildung eines Pferdes. Diese gilt sowohl beim Reiten als auch beim Longieren.
🐴 Die erste Stufe ist der Takt. Was bedeutet Takt?	☐ Der Takt ist das räumliche und zeitliche Gleichmaß der Bewegung des Pferdes.
🐴 Wie erreicht man Takt beim Pferd?	☐ Takt entsteht durch gleichmäßig treibende Schenkelhilfen bei einer stetigen Anlehnung an den Zügel.
🐴 Die zweite Stufe ist die Losgelassenheit. Woran erkennt man, dass dein Pferd losgelassen ist?	☐ Das Pferd geht in Dehnungshaltung, der Schweif pendelt locker, es schnaubt ab, fängt an zu kauen und macht einen zufriedenen Eindruck. Der Rücken schwingt frei und das Pferd lässt sich somit besser aussitzen. Losgelassenheit bedeutet, dass das Pferd physisch und psychisch losgelassen ist. Es soll sowohl den Körper als auch den Geist entspannen. Ein hektisches, nervöses Pferd wird immer Probleme mit Muskelverspannungen haben.
🐴 Wie erreicht man, dass das Pferd losgelassen ist?	☐ Das Pferd wird nur losgelassen gehen, wenn der Reiter ebenfalls losgelassen ist und auch in kritischen Situationen die Ruhe bewahrt. Das Pferd sollte auf beiden Händen gleichmäßig gymnastiziert werden, durch eine lange Schrittphase, viel Leichttraben auf beiden Händen und der anschließenden Galopparbeit. Dabei sind viele Handwechsel und auch Übergänge hilfreich. **Merke:** Ohne Takt gibt es keine Losgelassenheit. Jeder Schritt baut auf dem anderen auf!
🐴 Die dritte Stufe ist die Anlehnung. Was bedeutet das?	☐ Anlehnung bedeutet eine stetige, weich - federnde Verbindung zwischen Reiterhand und Pferdemaul. Vorher muss das Pferd taktmäßig gehen und losgelassen sein!

🐴 Hier endet die erste Phase der Ausbildungsskala. Wie nennt man diese Phase?	☐ Die erste Phase ist die Gewöhnungsphase. Das Pferd "gewöhnt" sich an die Umgebung, die Ausrüstung, den Reiter, usw.
🐴 Die vierte Stufe ist der Schwung. Wie entsteht Schwung?	☐ Schwung bedeutet, dass das Pferd mit der Hinterhand kräftig abfußt und die nötige Schubkraft entwickelt.
🐴 Wo ist der Unterschied zwischen Schubkraft und Tragkraft?	☐ Die Schubkraft der Hinterhand sorgt für den Schwung nach vorne, die Tragkraft im Rücken braucht das Pferd um sich auszubalancieren. Beides muss immer trainiert werden.
🐴 Wie erkennt man Schwung beim Pferd?	☐ Die Schritte, Trabtritte bzw. Galoppsprünge werden verlängert, das heißt, der Abstand zwischen dem Auffußen der Vorder- und Hinterbeine des Pferdes wird vergrößert. Dabei soll das Pferd aber nicht schneller werden, bzw. eilen.
🐴 Wie erreicht man den Schwung beim Pferd?	☐ Indem man das Pferd mit treibenden Hilfen dazu veranlasst, vermehrt die Hinterhand einzusetzten, ohne dass das Pferd dabei zu eilig wird. Im Gegenzug muss vorne eine gute Anlehnung vorhanden sein, um die Tragkraft nicht zu verlieren. Dabei muss für jedes Pferd das richtige Tempo gefunden werden.
🐴 Die fünfte Stufe ist das Geraderichten. Woran erkennt man, ob das Pferd gerade oder schief ist?	☐ Alle Pferde sind von Natur aus schief – vorwiegend sind sie auf die linke Seite gebogen. Diese natürliche Schiefe soll korrigiert werden. Ist das Pferd geradegerichtet, befinden sich die Vorder- und Hinterbeine auf einer Linie.
🐴 Hier endet die zweite Phase der Skala der Ausbildung. Welche Punkte beinhaltet diese Phase?	☐ Zu dieser zweiten Phase gehören Losgelassenheit, Anlehnung, Schwung und Geraderichten.
🐴 Wozu dienen diese vier Punkte?	☐ Damit wird die Schubkraft des Pferdes trainiert.

🐎 Die sechste Stufe ist die Versammlung. Woran erkennt man die Versammlung?	☐ Die Versammlung ist die höchst mögliche Leistung des Pferdes. Dabei nimmt das Pferd das Eigengewicht und das Reitergewicht durch Hankenbeugung und vermehrtes Untertreten auf. Dadurch wird das Pferd in der Vorderhand leichter und man hat das Gefühl, dass das Pferd bergauf läuft.
🐎 Was ist eine Hankenbeugung?	☐ Dabei sind die drei großen Gelenke der Hinterhand vermehrt gebeugt, welche da sind: Hüftgelenk, Kniegelenk und Sprunggelenk.

Beschrifte die drei an der Hankenbeugung beteiligten Gelenke!

🐎 Damit ist die letzte Phase der Ausbildungsskala erreicht. Welche Schritte führen zur Ausbildung der Tragkraft?	☐ Die letzten vier Punkte der Skala, nämlich Anlehnung, Schwung, Geraderichten und Versammlung.
🐎 Wozu führt die Arbeit anhand der Ausbildungsskala, wenn man alle Punkte erarbeitet hat?	☐ Sie führt zur vollendeten Durchlässigkeit des Pferdes.
🐎 Was bedeutet Durchlässigkeit?	☐ Ein Pferd ist dann durchlässig, wenn es seinem Ausbildungsstand entsprechend zwanglos alle Hilfen des Reiters bereitwillig annimmt.

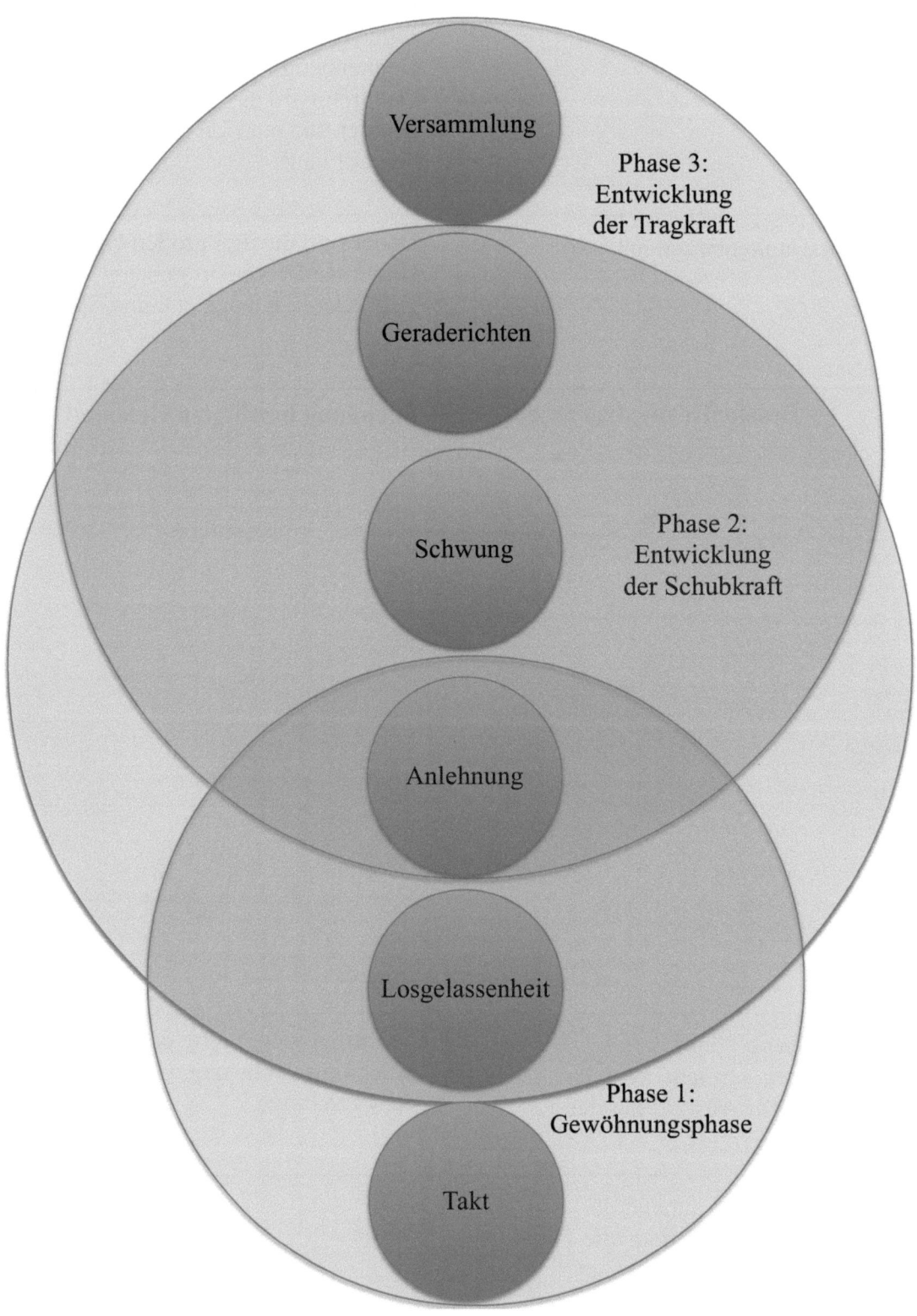

Versammlung

Phase 3:
Entwicklung
der Tragkraft

Geraderichten

Schwung

Phase 2:
Entwicklung
der Schubkraft

Anlehnung

Losgelassenheit

Phase 1:
Gewöhnungsphase

Takt

Merke: Die erfolgreiche Absolvierung aller Ausbildungspunkte führt zur Durchlässigkeit in Vollendung!

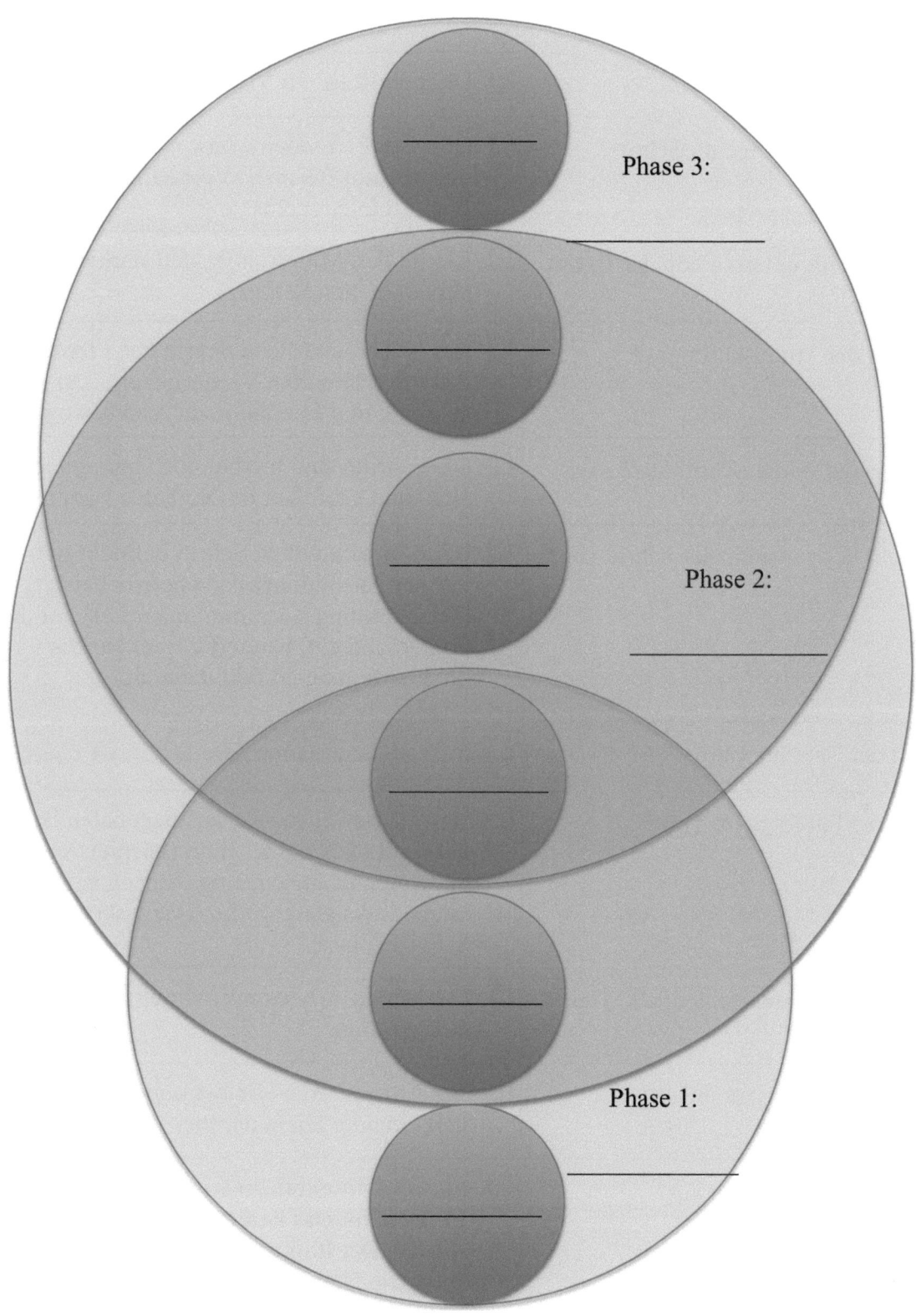

Phase 3:

Phase 2:

Phase 1:

Merke:

Kapitel 15: Gangarten

🐴 Was sind die Grundgangarten des Pferdes?	☐ Schritt, Trab und Galopp.
🐴 Wie ist der Takt im Schritt?	☐ Der Schritt ist ein Viertakt mit 8 Phasen.
🐴 Wie ist die Fußabfolge im Schritt?	☐ Alle vier Pferdebeine bewegen sich einzeln nach vorne. Zum Beispiel: Vorne links, hinten links, vorne rechts, hinten rechts.
🐴 Was gibt es für unterschiedliche Tempi im Schritt?	☐ Es gibt den Mittelschritt, den starken Schritt und den versammelten Schritt.
🐴 Wie sieht der Mittelschritt aus?	☐ Das ist der natürliche Schritt des Pferdes. Dabei fußt das Pferd über den Vorderfuß ein. Das Pferd schreitet und es kommt zur Nickbewegung.
🐴 Wie sieht der starke Schritt aus?	☐ Die Schritte sind hierbei noch raumgreifender. Das Vor- und Einfußen ist deutlich ausgeprägter.
🐴 Wie sieht der versammelte Schritt aus?	☐ Beim versammelten Schritt befindet sich das Pferd auf der Ausbildungsskala bereits bei der Versammlung. Es nimmt mehr Last auf die Hinterhand auf, beugt die Hanken. Die Nickbewegung entfällt dadurch.
🐴 Wie ist der Takt im Trab?	☐ Im Trab ist es einen Zweitakt mit 4 Phasen.
🐴 Wie ist die Fußfolge im Trab?	☐ Im Trab bewegen sich die diagonalen Beinpaare im Wechsel nach vorne. Zum Beispiel: Vorne links und hinten rechts gleichzeitig, danach vorne rechts und hinten links gleichzeitig. Dazwischen liegt immer eine Schwebephase.
🐴 Was gibt es für unterschiedliche Tempi im Trab?	☐ Es gibt den Arbeitstrab, Mitteltrab, versammelten und starken Trab.
🐴 Wie sieht der Arbeitstrab aus?	☐ Der Arbeitstrab ist fleißig ohne zu eilen. Das Pferd fußt ein oder leicht darüber.
🐴 Wie sieht der Mitteltrab aus?	☐ Um den Mitteltrab zu erreichen, kann man Tritte-Verlängern. Das heißt die Hinterhand ist dabei schon aktiver. Der Raumgriff wird größer, das Pferd fußt über. Die Nasen-Stirn-Linie ist dabei deutlich vor der Senkrechten.
🐴 Wie sieht der versammelte Trab aus?	☐ Die Trabtritte werden kürzer, das Pferd fußt ein. Die Hanken werden mehr gebeugt.

🐴 Wie sieht der starke Trab aus?	☐ Das Pferd muss hierfür ebenfalls bei der Versammlung angekommen sein. Es fußt weit über, beugt die Hanken und zeigt den größtmöglichen Raumgriff und Schwung.
🐴 Wie ist der Takt im Galopp?	☐ Galopp ist ein Dreitakt in 6 Phasen.
🐴 Wie ist die Fußabfolge im Galopp?	☐ Je nachdem, ob das Pferd im Rechts- oder Linksgalopp läuft, bewegen sich die Beine wie folgt: Linksgalopp: rechter Hinterfuß, dann linker Hinterfuß zusammen mit rechtem Vorderfuß, dann linker Vorderfuß. Schwebephase. Umgekehrt gilt dies dann für den Rechtsgalopp.
🐴 Was bedeutet der Begriff Phase?	☐ Eine Phase beschreibt jede Bewegung der Pferdebeine innerhalb der jeweiligen Gangart. Nicht nur das Abfußen, sondern auch das Anheben und auch das Schweben bezeichnen eine Phase.
🐴 Was ist ein Handgalopp?	☐ Reitet man auf der rechten Hand, so sollte das Pferd auch in einem Rechtsgalopp angaloppieren und umgekehrt. Das ist dann der sogenannte Handgalopp. Man bezeichnet ihn auch als Innengalopp.
🐴 Was ist ein Außengalopp?	☐ Im Grunde ist der Außengalopp das Gegenteil vom Handgalopp. Reitet man auf der rechten Hand und das Pferd galoppiert auf der linken Hand an – oder umgekehrt, so bezeichnet man dies als Außengalopp. In höheren Dressurprüfungen kann dies verlangt werden.
🐴 Was ist ein Kreuzgalopp?	☐ Beim Kreuzgalopp läuft das Pferd vorne im Linksgalopp und hinten im Rechtsgalopp, oder umgekehrt. Dies ist für das Pferd schädlich und auch für den Reiter unangenehm zu sitzen.
🐴 Welche Tempi gibt es im Galopp?	☐ Es gibt Arbeitsgalopp, Mittelgalopp, versammelten und starken Galopp.
🐴 Wie sieht der Arbeitsgalopp aus?	☐ Der Arbeitsgalopp soll taktrein, fleißig und schwungvoll sein. Der Raumgriff beträgt ungefähr 2,5 bis 3 Meter.
🐴 Wie sieht der Mittelgalopp aus?	☐ Durch Sprünge-Verlängern kann man den Mittelgalopp einleiten. Dieser ist raumgreifender.

🐴 Wie sieht der versammelte Galopp aus?	☐ Die Sprünge werden wieder kleiner. Die Hinterhand tritt mehr unter den Schwerpunkt. Das Pferd richtet sich vorne auf, dadurch hat der Reiter das Gefühl bergauf zu reiten.
🐴 Wie sieht der starke Galopp aus?	☐ Dabei erreicht das Pferd seinen maximalen Raumgriff, wird aber nicht eiliger.
🐴 Was ist eine Schwebephase?	☐ Die Schwebephase ist der Moment, in dem kein einziges Pferdebein den Boden berührt. Dies ist nur im Trab und im Galopp möglich.
🐴 Was versteht man unter dem Begriff Tempowechsel innerhalb einer Gangart?	☐ Damit wird das Verlängern oder Verkürzen der Schritte, Trabtritte oder Galoppsprünge bezeichnet.
🐴 Und was passiert beim Rückwärtstreten?	☐ Das Rückwärtstreten ist ein Zweitakt in 6 Phasen.
🐴 Was sind Spezialgangarten?	☐ Die bekanntesten sind Pass oder Tölt. Gangpferde, wie z.B. Isländer beherrschen solche Gangarten sehr gut.

Präge Dir die Phasen der einzelnen Gangarten ein!

Schritt	Trab	Galopp

🐴 Wonach wird ein Pferd beurteilt?	☐ Man spricht beim Pferd von einem Exterieur und dem Interieur.
🐴 Was ist das Exterieur eines Pferdes?	☐ Als Exterieur wird das äußere Erscheinungsbild und der Körperbau eines Pferdes bezeichnet. Das Exterieur bestimmt maßgeblich über die Verwendbarkeit des einzelnen Pferdes. Dabei werden Kopf, Ganasche, Hals, Widerrist, Rücken und Kruppe, als auch Beine und Hufe beurteilt.
🐴 Was ist das Interieur eines Pferdes?	☐ Als Interieur bezeichnet man die psychischen Eigenschaften und die Verhaltensweise der Pferde. Positive Eigenschaften sind z.B. Ausgeglichenheit, Gutmütigkeit, Nervenstärke, Intelligenz und gutes Sozialverhalten. Negative Eigenschaften sind z.B. Angst, Nervosität oder Charakterfehler wie Beißen, Schlagen und Verweigerung.
🐴 Wie wichtig ist das Zusammenspiel von Pferd und Reiter?	☐ Beim Reiten ist eine gute Kommunikation zwischen Mensch und Pferd unumgänglich. Sie ist sowohl für das innere Wohlbefinden, als auch für die körperliche Unversehrtheit von großer Bedeutung. Basis für die Kommunikation ist dabei die Kooperationsbereitschaft beider Seiten.
🐴 Was kann man bei Verhaltensabweichungen tun?	☐ Erster Schritt ist die Überprüfung der Ausrüstung wie Sattel, Reithalfter, Hilfszügel und Gebiss. Zweiter Schritt wäre eine Abklärung der Gesundheit des Pferdes durch einen Tierarzt.
🐴 Was können weitere Gründe für Verhaltensabweichungen sein?	☐ Über- oder Unterforderung, Einzelhaltung und/oder Bewegungsmangel, als auch fehlerhafte Fütterung.

Merke:

Das Pferd ist von Natur aus ein freundliches Tier,
es hängt vom Menschen ab was er daraus macht.

Kapitel 17: Anatomie des Pferdes

🐴 Wie teilt man das Pferd anatomisch auf?	☐ Vorderhand, Mittelhand und Hinterhand.

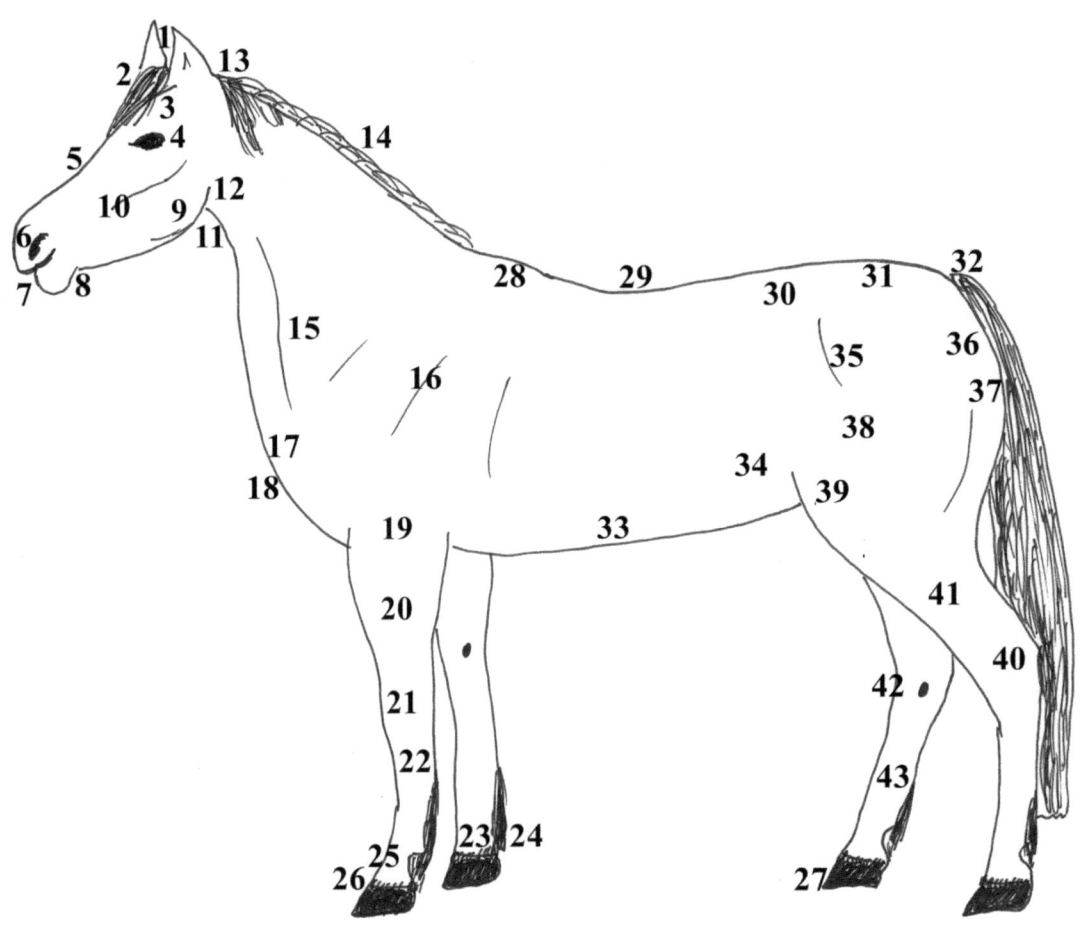

1 Ohr	15 Drosselrinne	29 Rücken
2 Stirn	16 Schulter	30 Lende
3 Schopf	17 Buggelenk	31 Kruppe
4 Auge	18 Brust	32 Schweifwurzel
5 Nasenrücken	19 Unterarm	33 Bauch
6 Nüstern	20 Ellbogen	34 Flanke
7 Maul	21 Vorderfußwurzelgelenk	35 Hüftgelenk
8 Kinn	22 Vorderröhre	36 Sitzbeinhöcker
9 Backe	23 Fesselgelenk	37 Hinterbacke
10 Jochbein	24 Kötenzopf	38 Oberschenkel
11 Kehle	25 Fessel	39 Kniegelenk
12 Ganasche	26 Hufkrone	40 Unterschenkel
13 Genick	27 Huf	41 Sprunggelenk
14 Mähnenkamm	28 Widerrist	42 Kastanie
		43 Hinterröhre

Präge Dir das Skelett gut ein!

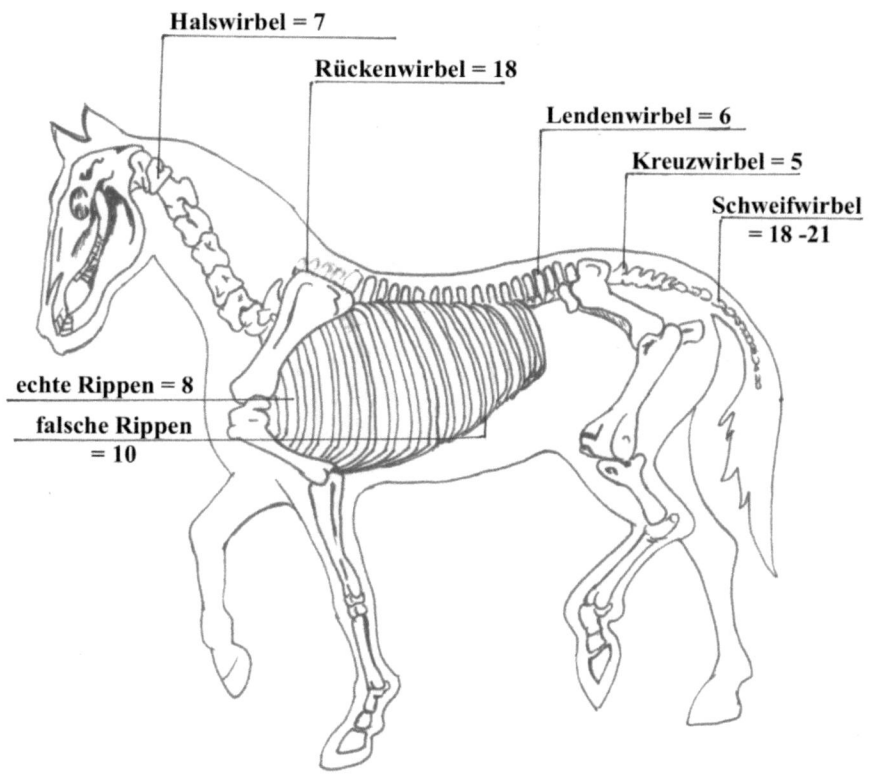

Halswirbel = 7

Rückenwirbel = 18

Lendenwirbel = 6

Kreuzwirbel = 5

Schweifwirbel
= 18 -21

echte Rippen = 8

falsche Rippen
= 10

Versuche das Skelett zu beschriften!

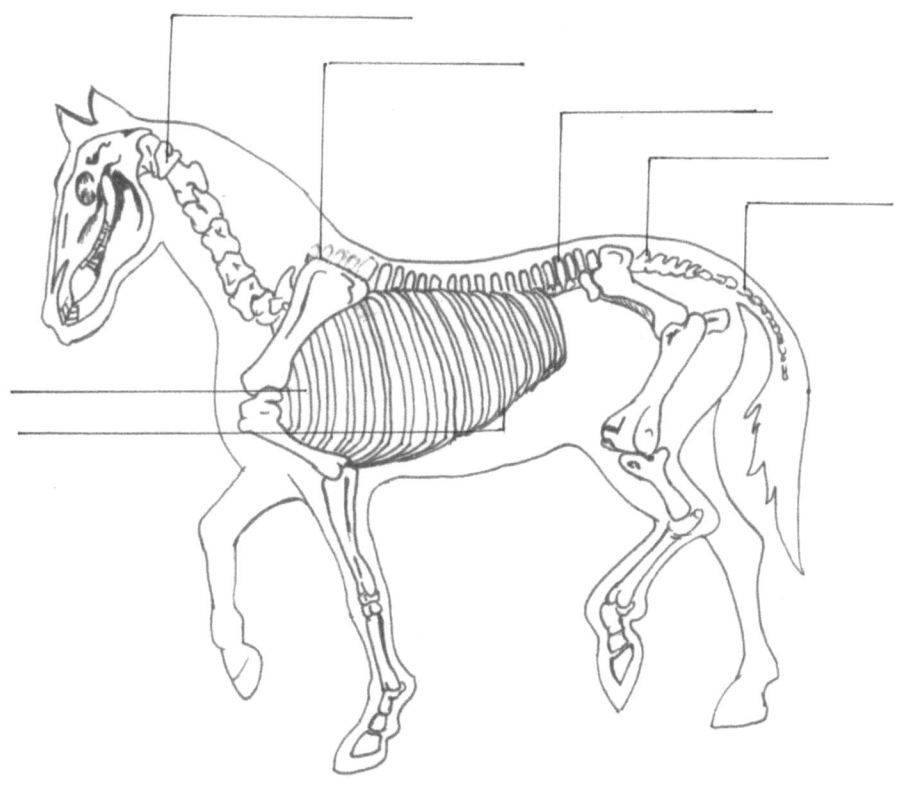

Präge Dir die inneren Organe des Pferdes gut ein!

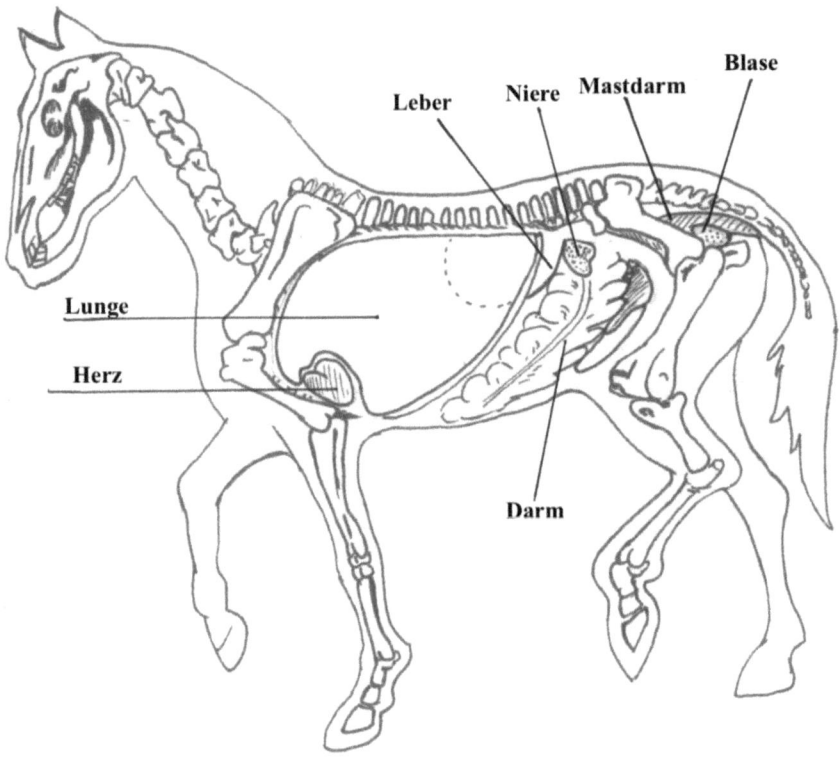

Leber   Niere   Mastdarm   Blase   Lunge   Herz   Darm

Versuche die inneren Organe zu beschriften!

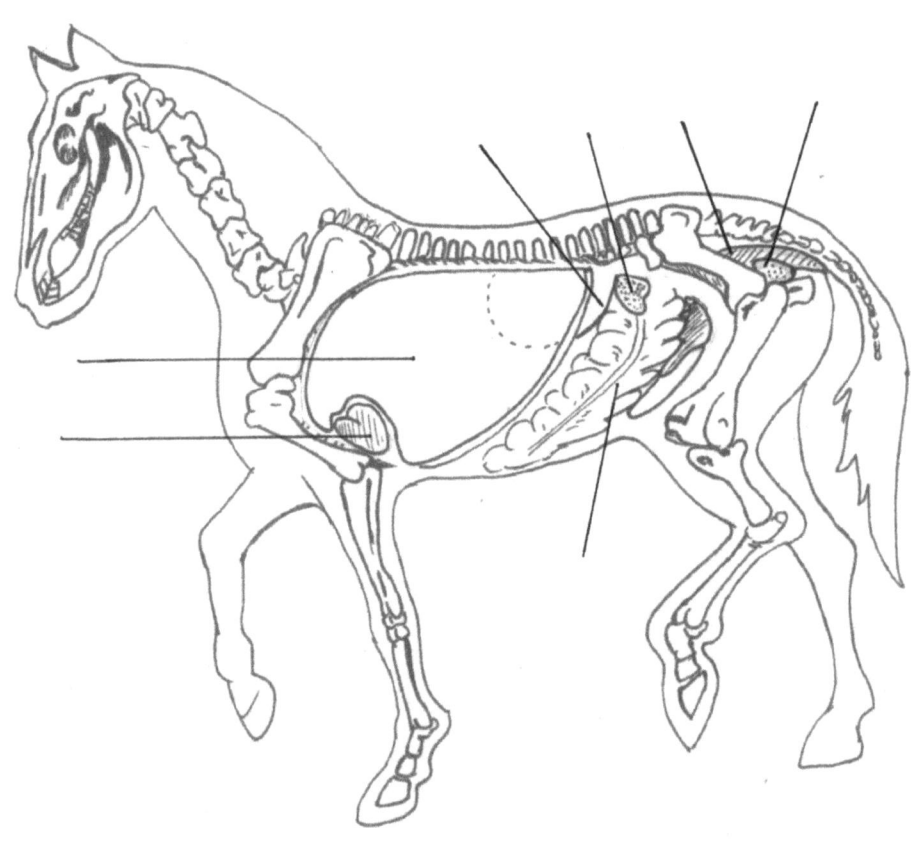

🐴 Warum passieren im Umgang mit Pferden so oft Unfälle?	☐ Durch Unwissenheit und Leichtsinn, als auch durch bequemliche Gewohnheit.
🐴 Darf man im Umgang mit dem Pferd laute Geräusche verursachen und sich hastig bewegen?	☐ Pferde sind Fluchttiere. Sie reagieren auf schnelle und unvorhersehbare Bewegungen oft ängstlich.
🐴 Was beachtet man bei der Ausrüstung des Pferdes?	☐ Tägliche Kontrolle und sorgfältige Pflege sollten selbstverständlich sein. Regelmäßige Kontrolle bewahrt den Reiter vor Unfällen durch gerissene Lederriemen.
🐴 Wie führt man ein Pferd in der Stallgasse an anderen Pferden vorbei?	☐ Man bittet den anderen Reiter, das Pferd an die Seite zu stellen. Dann geht man in einem möglichst großen Bogen daran vorbei. Die Pferde sollen sich dabei sehen können.
🐴 Wie lässt man ein Pferd auf der Weide frei?	☐ Man stellt das Pferd mit dem Kopf zu sich und in Richtung des Gatters auf. Wenn es dann ruhig steht, nimmt man zügig das Stallhalfter ab und verlässt sofort die Weide. Pferde sind oft übermütig und können dann auch austreten oder buckeln.
🐴 Welcher Grundsatz gilt immer bei Reitunfällen?	☐ Erst der Reiter, dann das Pferd!
🐴 Was wird beim Verletzten zu erst geprüft?	☐ Zuerst werden die BAP-Werte überprüft. BAP steht für Bewusstsein, Atmung und Puls.
🐴 Was tut man, wenn der Verletzte kein Bewusstsein mehr hat?	☐ Man bringt ihn in die stabile Seitenlage. **Aufgabe:** Überprüfe die Atmung und bringe den verletzten Reiter in die stabile Seitenlage.

🐴 Was tut man, wenn der Verletzte keinen Puls mehr hat?	☐ Es werden Wiederbelebungsmaßnahmen angewendet, sofern man diese beherrscht.
🐴 Was tut man, wenn der Verletzte ansprechbar ist?	☐ Man beruhigt den Reiter und sucht ihn nach Verletzungen ab. Hat man den Verdacht einer Wirbelsäulenverletzung, darf er auf keinen Fall bewegt werden.
🐴 Was sollte man noch für den Verletzten tun?	☐ Man deckt den Verletzten gut zu, damit er seine Körperwärme nicht verliert. Dazu kann man Decken oder Jacken benutzen.
🐴 Was tut man bei stark blutenden Wunden?	☐ Es muss ein Druckverband angelegt werden.
🐴 Was tut man bei leicht blutenden Wunden?	☐ Es sollten alle Wunden abgedeckt werden, kein Schmutz hineingerät. Wenn man kein Verbandzeug hat, kann man auch saubere Stoffstücke nehmen.
🐴 Was muss sofort nach der Erstversorgung passieren?	☐ Über Handy wird der Rettungsdienst angefordert. Die Nummer lautet 112.
🐴 Was muss man dem Rettungsdienst mitteilen?	☐ Hier gelten die fünf „W's": <ul><li>**Wo** ist es passiert?</li><li>**Was** ist passiert?</li><li>**Wie** viele Verletzte gibt es?</li><li>**Welche** Arten von Verletzungen gibt es?</li><li>**Warten** auf Rückfragen</li></ul>
🐴 Was kann man tun, um den Rettungswagen ein schnelles Auffinden des Unfallortes zu ermöglichen?	☐ Man kann an verschiedenen Stellen Einweiser postieren und die Leitstelle über auffällige Gegebenheiten im Gelände informieren.
🐴 Wie geht es dann weiter?	☐ Ist der Verletzte versorgt, kümmert man sich nun um das Pferd und leistet, wenn nötig, hier erste Hilfe. Ist es verletzt, muss ein Tierarzt verständigt werden.
🐴 Wie geht man mit Pferden um, die weglaufen?	☐ Man versucht ruhig an das Pferd heranzureiten und es mit der Stimme zu beruhigen. Kommt man nahe genug an das Pferd heran, versucht man es am Zügel zu fassen.
🐴 Was tut man mit Pferden, die nicht einzufangen sind?	☐ Hier sollte man sofort die Polizei und den Verkehrsfunk benachrichtigen. Auch ein Anruf im heimischen Stall ist sinnvoll, um eine eventuelle Ankunft des Pferdes zu melden.

Wie wird ein Pferd zum Verladen ausgerüstet?	☐ Es benötigt ein gut sitzendes Halfter mit Führstrick, Verladegamaschen, Schweifschutz und wenn nötig eine Decke. Nervöse Pferde bekommen einen Kopfschutz. Man kann auch eine Führkette verwenden.
Wie ist der Reiter, der das Pferd verlädt ausgerüstet?	☐ Verladen ist eine gefährliche Angelegenheit, vor allem, wenn das Pferd ungeübt ist. Deshalb ist es wichtig, Handschuhe, festes Schuhwerk und einen Helm zu tragen.
Was beachtet man bei Zugfahrzeug und Anhänger?	☐ Das Zugfahrzeug muss eine ausreichende Stützlast haben, die Reifen müssen etwas mehr Druck bekommen und man sollte, wenn nötig vor dem Verladen tanken. Die Lichtanlage des Anhängers sollte vor dem Verladen kontrolliert werden.
Wie kuppelt man den Anhänger an?	☐ Die Kupplungsklaue muss auf der Anhängerkupplung richtig einrasten. Das Sicherungsseil für die Handbremse wird über die Anhängerkupplung gelegt, damit der Anhänger gebremst wird, sollte er sich lösen. Die Elektrik wird eingesteckt, und das Stützrad wird hochgezogen und gesichert, damit man es unterwegs nicht verliert.
Was muss man für das Pferd auf einer Reise oder zu einem Turnier mitnehmen?	☐ Auf längeren Reisen sollte man immer das gewohnte Futter dabei haben. Manche Pferde sind auch mit dem Wasser sehr empfindlich. Sollte dies so sein, nimmt man auch einen Kanister Wasser mit. Ansonsten das benötigte Sattelzeug, Pflegeartikel und einen Stallbesen zum Reinigen des Hängers.
Wie legt man eine Führkette an?	☐ Die Führkette wird auf der linken Seite durch die untere Halteröse geführt, dann über Nasenrücken bzw. Kinnpartie gelegt. Auf der rechten Seite wird sie wieder durch den unteren Halfterring geführt. Den Karabinerhaken hängt man rechtsseitig im oberen Halfterring ein.

🐴 Was beachtet man vor dem Einladen? 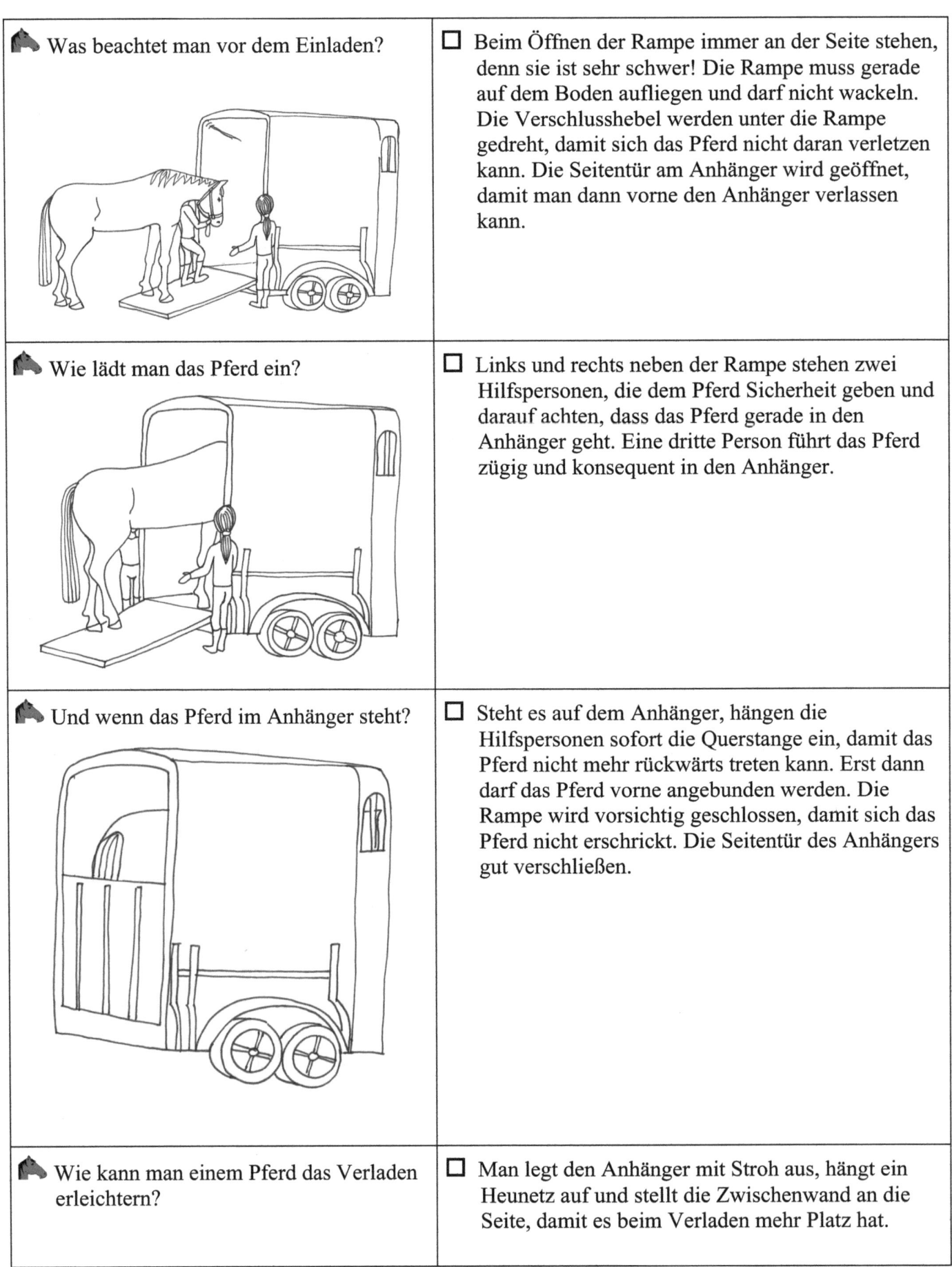	☐ Beim Öffnen der Rampe immer an der Seite stehen, denn sie ist sehr schwer! Die Rampe muss gerade auf dem Boden aufliegen und darf nicht wackeln. Die Verschlusshebel werden unter die Rampe gedreht, damit sich das Pferd nicht daran verletzen kann. Die Seitentür am Anhänger wird geöffnet, damit man dann vorne den Anhänger verlassen kann.
🐴 Wie lädt man das Pferd ein?	☐ Links und rechts neben der Rampe stehen zwei Hilfspersonen, die dem Pferd Sicherheit geben und darauf achten, dass das Pferd gerade in den Anhänger geht. Eine dritte Person führt das Pferd zügig und konsequent in den Anhänger.
🐴 Und wenn das Pferd im Anhänger steht?	☐ Steht es auf dem Anhänger, hängen die Hilfspersonen sofort die Querstange ein, damit das Pferd nicht mehr rückwärts treten kann. Erst dann darf das Pferd vorne angebunden werden. Die Rampe wird vorsichtig geschlossen, damit sich das Pferd nicht erschrickt. Die Seitentür des Anhängers gut verschließen.
🐴 Wie kann man einem Pferd das Verladen erleichtern?	☐ Man legt den Anhänger mit Stroh aus, hängt ein Heunetz auf und stellt die Zwischenwand an die Seite, damit es beim Verladen mehr Platz hat.

🐴 Wie kann man mit jungen Pferden das Verladen üben?	☐ Man braucht viel Zeit und Geduld und sollte es oft üben. Man stattet den Anhänger wie eine Box aus und parkt ihn mit einer Seite dicht an eine Wand, damit das Pferd an einer Seite begrenzt ist. Dann versucht man es in aller Ruhe und spart nicht mit Lob und Belohnung. Man kann auch zur Beruhigung zunächst ein erfahrenes Pferd auf den Anhänger stellen.
🐴 Was macht man, wenn sich ein Pferd nicht verladen lässt?	☐ Man kann an beiden Seiten des Anhängers eine Longierleine befestigen und diese dann über den Sprunggelenken des Pferdes kreuzen. Man zeigt dem Pferd damit, dass es keine Ausweichmöglichkeit nach hinten oder zur Seite gibt. Dies ist aber nicht ungefährlich und sollte nur von erfahrenen Reitern ausgeführt werden.
🐴 Auf welcher Seite verlädt man, wenn man nur mit einem Pferd fährt?	☐ Fährt man viel Landstraße, ist es besser links zu verladen, denn man schützt das Pferd vor dem abschüssigen und rauen Bankett. Fährt man viel Autobahn, verlädt man besser rechts, denn dann sieht das Pferd überholenden Schwerverkehr nicht so sehr.
🐴 Wie verhält man sich als Fahrer mit Anhänger?	☐ Man fährt vorsichtig und umsichtig! Vor allem in den Kurven muss man langsam fahren, denn das Pferd weiß nicht, wann abgebogen wird. Außerdem muss der Fahrer einen deutlich längeren Bremsweg einkalkulieren.
🐴 Wie wird das Pferd ausgeladen?	☐ Nach dem Öffnen der Anhängerklappe wird das Pferd zu allererst losgebunden. Erst dann wird hinten die Querstange geöffnet. Das Pferd wird vorsichtig rückwärts geführt, wobei man den Kopf des Pferdes zur Außenwand des Anhängers drückt damit es auf der Rampe nicht daneben tritt. Hilfspersonen geben dem Pferd beim Ausladen Sicherheit, indem sie ihm gut zureden.

Kleiner Leitfaden zum Ankuppeln

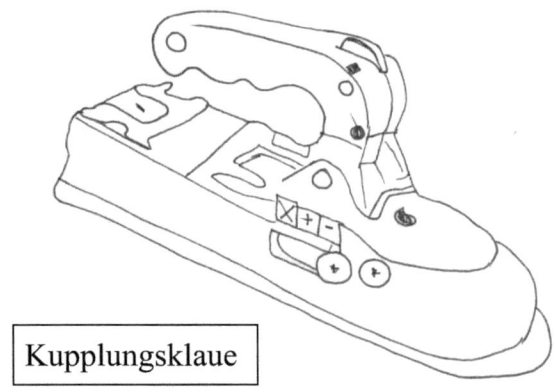

Kupplungsklaue

2. Jetzt das Abreißseil über die Anhängerkupplung legen. Dieses Seil sorgt dafür, dass der Anhänger gebremst wird, sollte die Kupplung brechen.

Stecker für Elektrik

4.

Zuletzt noch das Stützrad hochkurbeln, bis es ganz eingeklappt ist und die Reise kann losgehen.

1. Die Kupplungsklaue wird über der Anhängerkupplung positioniert. Man kurbelt das Stützrad so lange nach unten, bis die Klaue auf der Anhängerkupplung einrastet. Ob sie eingerastet ist, kann man an einem kleinen + Zeichen erkennen.

Anhängerkupplung

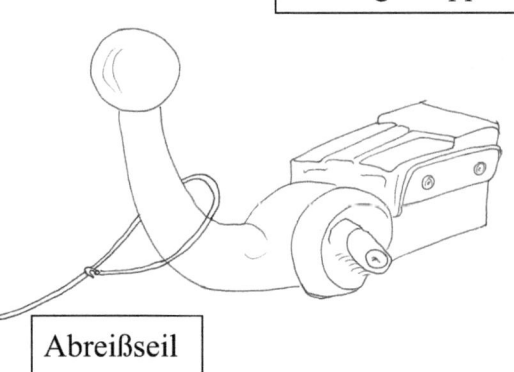

Abreißseil

3. Jetzt muss noch der Stecker für die Beleuchtung des Anhängers am Auto unterhalb der Anhängerkupplung eingesteckt werden. Man sollte alle Außenlampen und die Innenbeleuchtung des Anhängers vor der Abfahrt immer überprüfen.

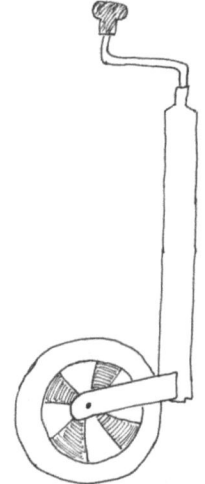

Stützrad

Was gibt es für Turniere und wie ist der richtige Einstieg?	☐ Möchte man an einem Turnier teilnehmen, muss man zuerst die eigenen Voraussetzungen prüfen. Dabei spielt der Leistungsstand von Pferd und Reiter die wichtigste Rolle. Aber auch die Ausrüstung muss korrekt sein. Üblicherweise nimmt man zuerst an Hausturnieren teil, bevor man dann zu den Leistungsprüfungen übergeht.
Welche Sparten gibt es in einem Wettbewerb?	☐ Reiterwettbewerbe gibt es in vielen Sparten, wie z.B. Dressur, Springen, Geländereiten oder Fahren. Geregelt werden diese Wettbewerbe in der WBO, also in der Wettbewerbsordnung. Zu diesen Wettbewerben kann sich jeder anmelden. Die Nennung erfolgt online.
Welche Voraussetzung braucht man für eine Leistungsprüfung?	☐ Möchte man sich für eine Leistungsprüfung anmelden, muss man das Reitabzeichen 5 besitzen und eine Lizenz in einer Leistungsklasse beantragt haben. Geregelt sind die Leistungsprüfungen in der LPO, also in der Leistungsprüfungsordnung.
Was ist das Aufgabenheft?	☐ Das Aufgabenheft ergänzt die LPO und beinhaltet neben den diversen Dressur- und Vielseitigkeitsaufgaben auch Anforderungen für Standardparcours. Außerdem sind für nahezu alle Prüfungsarten Anforderungen und Bewertungskriterien enthalten.
Was ist die APO?	☐ Dies ist die Ausbildungsprüfungsordnung. In ihr finden vor allem die Ausbilder Informationen für eine einheitliche Ausbildung und Prüfung aller Schüler in allen Sparten.
Wie findet man sich in den Unterlagen zurecht ?	☐ Sowohl LPO, WBO und Aufgabenhefte sind farblich sortiert nach Themen.
Wie ist die LPO nach Themen und zugehörigen Farben sortiert?	☐ Es gibt vier Themenbereiche: • Grau: Allgemeinde Bestimmungen • Blau: Besondere Bestimmungen • Rosa: Rechtsordnung • Braun: Durchführungsbestimmungen

🐴 Wie lauten die acht Prüfungsarten und durch welchen Farben sind sie zu finden?	☐ Die acht Prüfungsarten lauten: • **Grün:** Distanzreiten/-fahren, barockes Reiten, Islandpferde, Westernreiten • **Rot:** Voltigierprüfungen • **Weiß:** Basis- und Aufbauprüfungen • **Blau:** Dressurprüfungen • **Rosa:** Springprüfungen • **Gelb:** Vielseitigkeitsprüfungen • **Orange:** Fahrprüfungen • **Weiß:** Kombinierte Prüfungen
🐴 Was sind Leistungsklassen?	☐ Leistungsklassen teilen die Turnierreiter je nach ihren Erfolgen in verschiedene Gruppen ein. Die Leistungsklasse eines Reiters wird in seiner Jahresturnierlizenz vermerkt und bestimmt dann, in welcher Prüfung er auf dem Turnier starten darf. Welche Prüfungen möglich sind, findet man in der sogenannten Ausschreibung eines Turnieres. Leistungsklassen gibt es von LK 7 bis LK1, wobei LK1 die höchste ist.
🐴 Wie bekommt man eine Lizenz?	☐ Die LK7 (Schnupperlizenz) kann man ohne Reitabzeichen beantragen. Für die LK6 benötigt man das RA 5. Man kann mit der LK7 Prüfungen der Klasse E absolvieren. Mit der LK6 sind auch Prüfungen der Klasse A möglich. Voraussetzung ist, dass man Mitglied in einem Reitverein ist, welcher der Reiterlichen Vereinigung angeschlossen ist. Das Pferd muss ebenfalls als Turnierpferd eingetragen werden. Formulare gibt es bei der Reiterlichen Vereinigung.
🐴 Und wie wird bewertet?	☐ Möglich sind beobachtende und/ oder beurteilende Richtverfahren.
🐴 Wie funktioniert das beobachtende Richtverfahren?	☐ Bei dieser Bewertung werden Hindernisfehler und Zeitrahmen beurteilt. Es gibt dabei Strafpunkte, die dann zusammengezählt die Platzierung ergeben. Diese Bewertung kommt vorwiegend bei Springprüfungen zur Anwendung.

Worauf kommt es bei dem beurteilenden Richtverfahren an?	Beim beurteilenden Richtverfahren wird der Gehorsam des Pferdes, sowie die Harmonie zwischen Pferd und Reiter beurteilt. Es werden dann Wertnoten zwischen 1 und 10 vergeben. Um sich zu platzieren, muss man mindestens die Wertnote 5,0 erreichen. Dieses Verfahren kommt in allen Dressurprüfungen zur Anwendung allerdings kann auch eine Springprüfung beurteilend gewertet werden. Dann werden von der erreichten Wertnote noch die Fehlerpunkte abgezogen.
Was bedeuten die Wertnoten?	Die Wertnoten bedeuten: • 10 = ausgezeichnet • 9 = sehr gut • 8 = gut • 7 = ziemlich gut • 6 = befriedigend • 5 = genügend • 4 = mangelhaft • 3 = ziemlich schlecht • 2 = sehr schlecht • 1 = nicht ausgeführt
Wie lauten die häufigsten Punktabzüge in Dressur und Springen?	In der Dressur (Wertnoten) • erstes Verreiten: 0,2 Punkte • zweites Verreiten: 0,4 Punkte Im Springen (beurteilend) • Abwurf: 0,5 Punkte • Erster Ungehorsam: 0,5 Punkte • Zweiter Ungehorsam: 1,0 Verweigert das Pferd zweimal am gleichen Hindernis, verdoppeln sich die Strafpunkte. Detaillierter findet man alle Abzüge natürlich in der LPO!

Folgende Voraussetzungen sind für die Teilnahme an einem Tunier zu erfüllen:	☐ Man benötigt: • Besitz des Reitabzeichens 5 • Turnierlizenz LK 6 oder LK 7
Was ist der Unterschied der beiden Leistungsklassen?	☐ Mit der LK 7 darf man an Wettbewerben oder an Leistungsprüfungen der Klasse E teilnehmen. Mit der LK 6 darf man an Leistungsprüfungen der Klassen E und A teilnehmen. Die weiteren Leistungsklassen lernst du später.
Was bedeuten Altersklassen?	☐ Auch hier gibt es Einschränkungen zu beachten • Ponyreiter (bis 16 Jahre) • Junioren (bis 18 Jahre) • Junge Reiter (19 bis 21 Jahre) • Im Springsport Children (12 bis 14 Jahre)
Wie sieht es mit der Kleidung aus?	☐ Richtige Turnierkleidung ist schön, aber nicht Pflicht beim Reitabzeichen! Sie muss aber zweckmäßig und sicher sein.
Was muss man beim Pferd und dessen Ausrüstung beachten?	☐ Bei Pferden ist immer ein Mindestalter festgesetzt. Auch die Ausrüstung ist streng reglementiert. Alter und Ausrüstung hängen von der Art der Leistungsprüfung ab. Dies kann man ebenfalls in der LPO nachlesen. **Ansonsten ist erlaubt:** * Dressur-, Spring- oder Vielseitigkeitssattel * Reithalter: Englisch, Hannover, Kombiniert * Wasser-, Olivenkopf-, Schenkelgebiss, mind. 14 mm * Vorderzeug * Beinschutz * Ausbinder, Dreiecks-/ Laufferzügel (Dressur) * Martingal (Springen) **Und für den Reiter:** Zweckmäßige Kleidung ist Pflicht. Turnierkleidung wird gerne gesehen. Helm ist natürlich Pflicht!
Gegen welche Krankheiten muss das Pferd für die Teilnahme an einer Leistungsprüfung geimpft sein?	☐ Tetanusimpfung wird vorausgesetzt. Eine Impfung gegen Herpes wird empfohlen. Influenzaimpfung ist Pflicht. (Wartezeiten beachten! Siehe LPO). Der Equidenpass muss bei jedem Turnier dabei sein, um eventuell das Alter und notwendige Impfungen überprüfen zu können.

🐎 Was kann zum Ausschluss in einer Dressurprüfung führen?	☐ Folgende Fälle führen zum Ausschluss: • Unpünktliches Erscheinen (60 Sek.) • Unpünktlicher Start (45 Sek.) • Start vor dem Glockenzeichen • Pferd ist widersetzlich (30 Sek.) • Verlassen des Vierecks mit 4 Beinen • Nicht erlaubte Ausrüstung • Verbotene „fremde Hilfe" • Unsportliches Benehmen • Elektronische Hilfsmittel (Handy) • Nichtbeachtung von Ver- und Geboten
🐎 Was kann zum Ausschluss in einer Springprüfung führen?	☐ Folgende Fälle führen zum Ausschluss: • Überschreitung der Höchstzeit • Unpünktliches Erscheinen (60 Sek.) • Überwinden des 1. Sprungs verzögert sich • Start vor dem Glockenzeichen • Sprung über ein nicht ausgeflaggtes Hindernis • Springen in falscher Reihenfolge • Ignorieren des Freigabesignals nach Wiederaufbau eines Hindernisses. • Verreiten ohne Korrektur • Springen eines Hindernisses von der falschen Seite • Verbotene „fremde Hilfe" • Widersetzlichkeit des Pferdes (45 Sek.) • Unsportliches Benehmen • Nichtbeachtung der Ver- und Gebote • Sturz des Reiters vor Passieren der Startlinie, bzw. Sturz zwischen Ein- und Ausritt.
🐎 Wo findet man gebündelt alle Informationen rund um die Ausrüstung für Pferd und Reiter?	☐ Diese Informationen gibt es im Ausrüstungskatalog der LPO.

Wie wird ein Springparcours im Reitabzeichen 5 bewertet?	☐ Im RA 5 absolviert man ein sogenanntes Stilspringen, welches vorwiegend in den Leistungsklassen E und A bewertet wird.
Was wird beim Stilspringen bewertet?	☐ Beim Stilspringen findet ein beurteilendes Richtverfahren statt. Beurteilt werden dabei Sitz und Einwirkung, Harmonie zwischen Pferd und Reiter und der Gesamteindruck. Dafür gibt es eine Wertnote, von welcher dann die Strafpunkte abgezogen werden.
Was bedeuten die Sterne hinter den einzelnen Leistungsklassen?	☐ Es gibt die Klassen zwischen ein und vier Sterne. Jeder weitere Stern hebt den Schwierigkeitsgrad der Prüfung in Höhe, Weite und Anforderung.
Wie viele Hindernisse muss man im RA 5 springen und wie hoch müssen diese sein?	☐ In der Halle mindestens 6 und im Freien mindestens 7 Hindernisse. In der Klasse E mindestens 0,60-0,85m in der Klasse A mindestens 0,60-0,95m.
Welche Arten von Hindernissen müssen vorkommen?	☐ Es müssen wenigstens ein Steilsprung, ein Oxer und eine Kombination dabei sein. Eventuell kann auch mal ein Distanzsprung vorkommen.
Was ist ein Steilsprung?	☐ Der Steilsprung gilt als einfachstes Hindernis. Hierbei werden mehrere Stangen übereinander in die Ständer gehängt bis die Mindesthöhe erreicht ist.
Was sind Distanzen, auch Hindernissfolgen genannt?	☐ Distanzen sind zwei Hindernisse zwischen welchen das Pferd drei bis sechs Galoppsprünge macht. Alles, was über sechs Galoppsprünge hinausgeht, sind Einzelsprünge. Drei Galoppsprünge ca. 14m, vier Galoppsprünge ca. 18m, fünf Galoppsprünge ca. 21m, sechs Galoppsprünge ca. 24m.
Wie sieht ein Oxer aus?	☐ Der Oxer ist ein Hoch- und Weitsprung. Er besteht aus vier Ständern, wobei die hintere Stange mindestens genauso hoch hängt wie die vordere.
Was ist eine Kombination?	☐ Bei der Kombination hat man zwei oder drei Hindernisse vor sich, wobei das Pferd zwischen den Hindernissen ein oder zwei Galoppsprünge absolviert. Bei einem Galoppsprung sind es ca. 7,5m und bei zwei Galoppsprüngen ca. 11m.

Beschrifte die einzelnen Hindernisse!

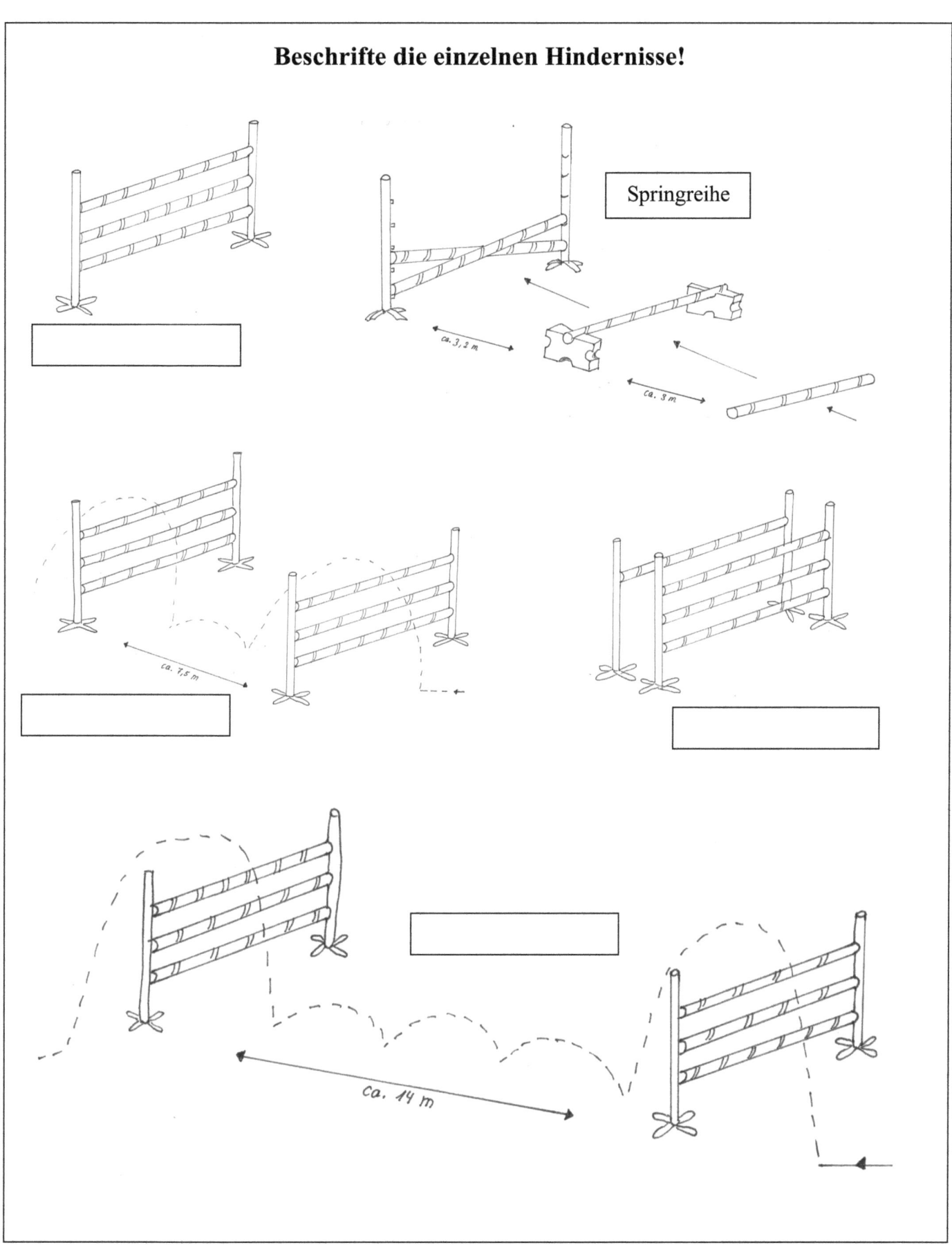

Springreihe

ca. 3,2 m

ca. 3 m

ca. 7,5 m

ca. 14 m

59

🐴 Wie errechnet man die Länge eines Parcours?	☐ Die Anzahl der Hindernisse multipliziert mit 60 ergibt die maximale Länge des Parcours. Wie lang ist der Springparcours am Ende dieses Heftes? Es sind_____Meter.
🐴 Wie wird die Zeit im Parcours bewertet?	☐ Es gibt eine erlaubte Zeit (EZ) und eine Höchstzeit (HZ), die man einhalten muss. Das durchschnittliche Tempo liegt bei 300 m pro Minute.
🐴 Was bedeutet die Ausflaggung des Parcours?	☐ Es gibt weiße und rote Flaggen an den Hindernissen. Sie zeigen dem Reiter die Start- und Ziellinie, die Wendepunkte und die äußere Begrenzung der einzelnen Hindernisse. Der Reiter muss darauf achten, die weiße Flagge immer zu seiner linken und die rote Flagge zu seiner rechten Seite zu haben.
🐴 Was sind Fänge und Unterbauten?	☐ Fänge sind seitliche Abgrenzungen an den Hindernissen, die mit eigenen Ständern aufgestellt werden, um dem Pferd eine zusätzliche optische Begrenzung zugeben. Unterbauten sind „Lückenfüller" zwischen dem Boden und der untersten Stange.

Überlege und male alle rechten Flaggen rot!

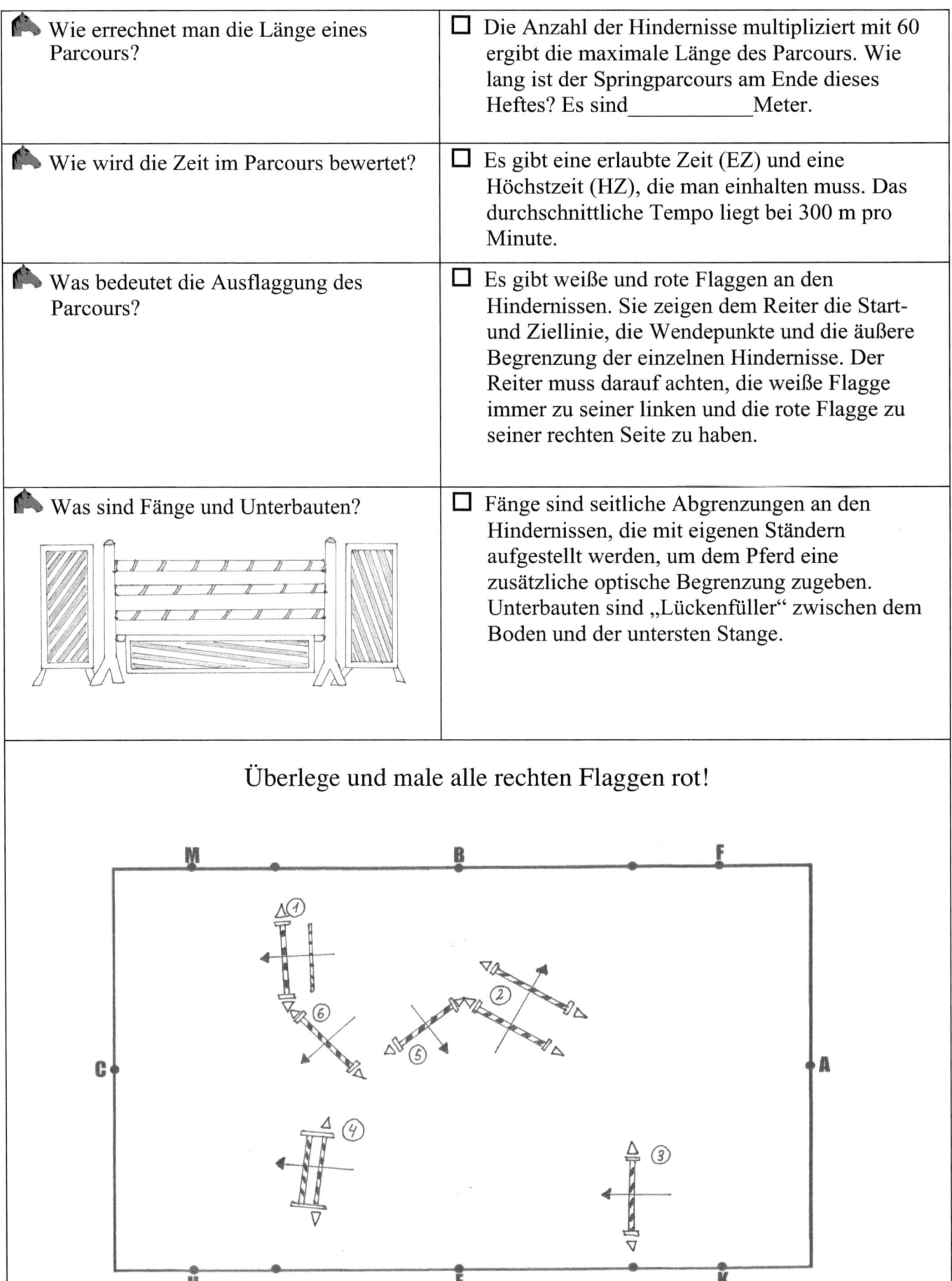

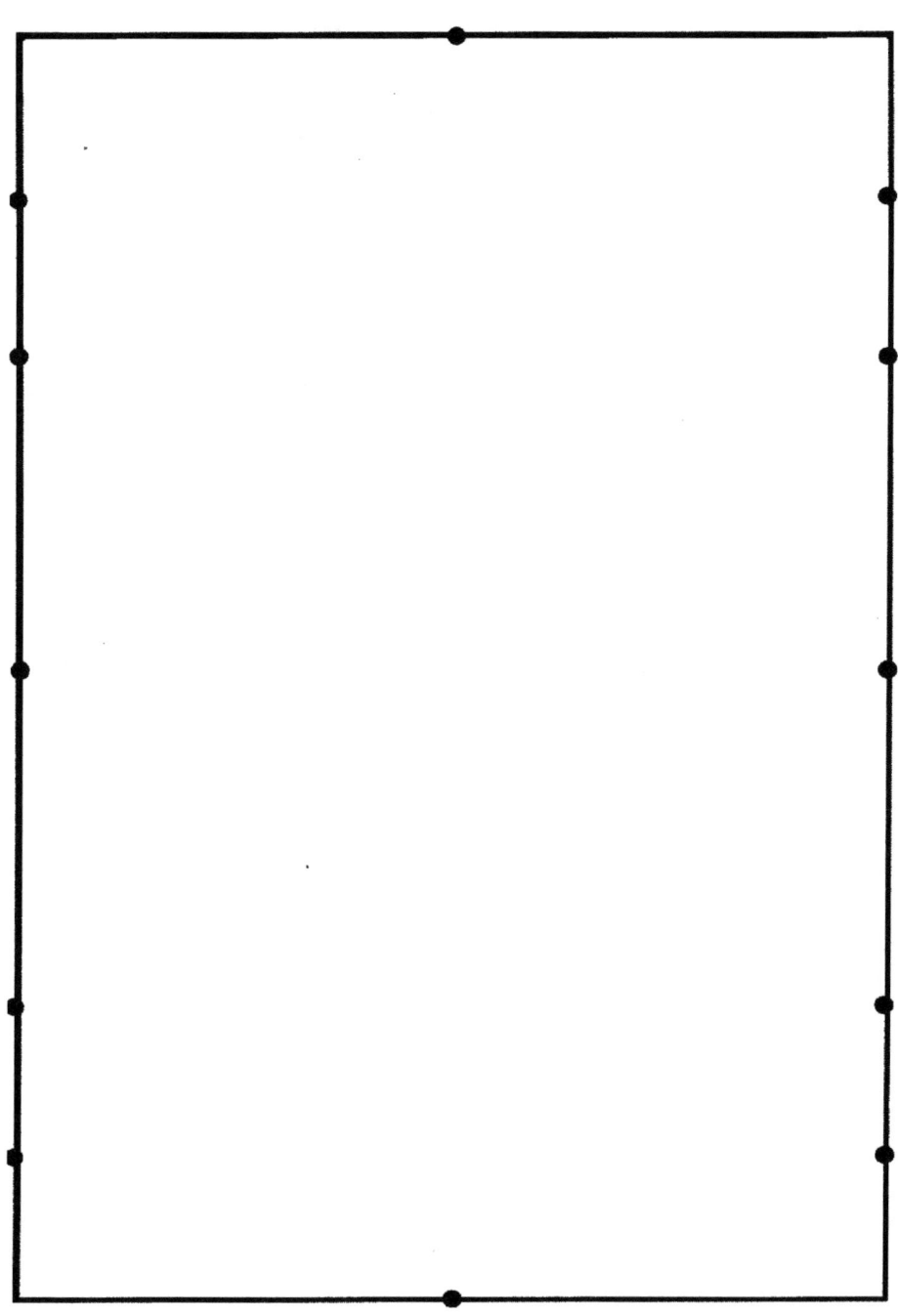 Wie lauten die Buchstaben bei dem Dressurviereck mit 20 x 40 Metern?	☐ C M B F A K E H Zwischen C und A liegt X, zwischen M und H liegt G und zwischen F und K liegt D.
Welche Bahnfiguren können noch gefragt werden?	☐ Weitere Bahnfiguren sind: • Mittelzirkel • Drei Bögen durch die ganze Bahn • Halbe Volte links und rechts

Versuche alle Buchstaben und die genannten Bahnfiguren einzuzeichnen!

Kapitel 23: Organisation im Reitsport

🐴 Wie ist der organisatorische Aufbau des Pferdesports gegliedert?	☐ Die unterste Ebene ist die Gemeindeebene. Hier regeln die Reitvereine den Pferdesport.
🐴 Wie heißt die nächste Ebene?	☐ Die zweite Stufe ist die Kreisebene mit dem zuständigen Kreisreiterverband.
🐴 Wie geht es weiter?	☐ Dann kommt die Landesebene. Hier gibt es den Landesverband mit einer Landeskommission.
🐴 Und die vierte Ebene?	☐ Das ist dann die Bundesebene. Hier regiert die Deutsche Reiterliche Vereinigung (FN) und das Deutsche Olympia-Komitee für Reiterei (DOKR).
🐴 Und die letzte Ebene?	☐ Zu guter Letzt die Internationale Ebene mit der Internationalen Reiterlichen Vereinigung (FEI).

Internationale Ebene mit FEI

_____

Bundesebene mit FN und DOKR

_____

Landesebene mit Landesverbänden

_____

Kreisebene mit Kreisreiterverbänden

_____

Gemeindeebene mit den Reitvereinen

_____

🐴 Wer sind die momentanen Präsidenten der einzelnen Ebenen? Versuche die Namen im Internet zu finden und in die Tabelle einzutragen. Kleiner Tipp: Stadtstaaten haben keinen Kreisverband!

Vorschlag für eine Führaufgabe RA 5

G	Aufstellung, Führposition von links
C	Führen im Schritt auf linker Hand
Nach C	Abwenden auf die Viertellinie, Slalom um die Kegel, am Ende links
A	Halten und die Führposition auf rechts ändern
F - H	Durch die ganze Bahn wechseln, dabei über der Stange halten
C	Halten und Rückwärts richten
Ecke nach C	Desensibilisierung mit dem Regenschirm
A	Abwenden auf die Mittellinie, Antraben
G	Halten

Zeichne die Führaufgabe in das Dressurviereck ein!

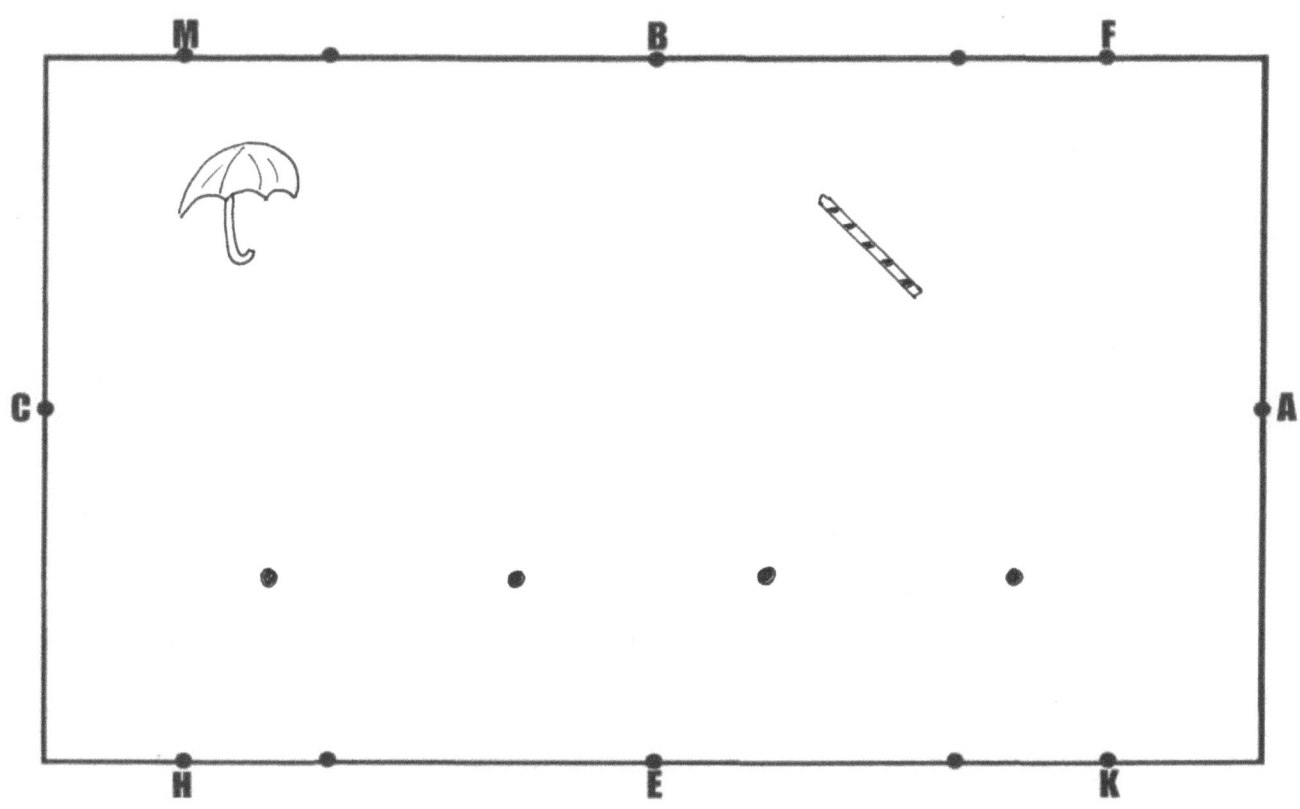

Vorschlag für eine Dressuraufgabe RA 5

A – G	Einreiten im Mittelschritt ohne Bügel, Halten und Grüßen
G - C	Anreiten im Mittelschritt linke Hand
C	Auf den Zirkel geritten, Schritt herausreiten
C	Antraben aussitzen, ganze Bahn
H - K	Einfache Schlangenlinie
A	Angaloppieren Linksgalopp
K	Durchparieren zum Trab
A	Ganze Parade, Bügel aufnehmen
A	Anreiten Leichttrab, Schlangenlinien durch die ganze Bahn, drei Bögen
H - B	Durch die halbe Bahn wechseln
A	Angaloppieren im Rechtsgalopp
B	Durchparieren Leichttrab
A	Abwenden auf die Mittellinie
G	Halten und Grüßen

Zeichne die Dressuraufgabe in das Dressurviereck ein!

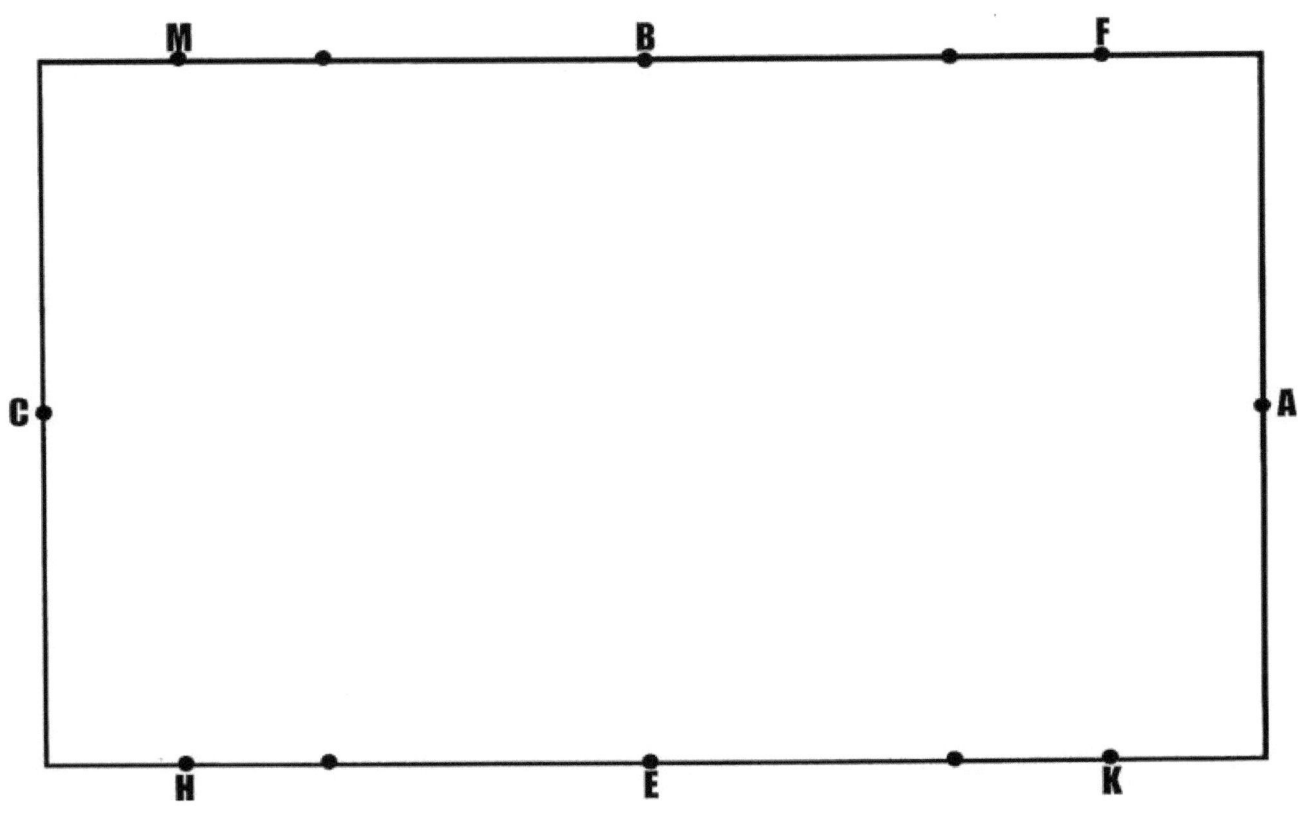

G	Einreiten im Mittelschritt, Halten und Grüßen
G – C	Anreiten Mittelschritt auf linker Hand
E	Antraben Leichttrab
B	Abwenden zum Sprung 1, danach Linksgalopp
H – F	Durch die ganze Bahn wechseln, dabei zum Sprung 2
A	Durchparieren zum Trab, auf den Zirkel geritten
A	Angaloppieren im Rechtsgalopp, nach A abwenden zu Sprung 3 und 4
nach M	Abwenden zum Sprung 5
K - A	Durchparieren zum Leichttrab
A	Angaloppieren im Linksgalopp
Nach F	Abwenden auf Sprung 6, dann linke Hand
E	Durchparieren zum Leichttrab
A	Abwenden auf die Mittellinie
G	Halten und Grüßen

Trage den Weg durch den Parcours ein!

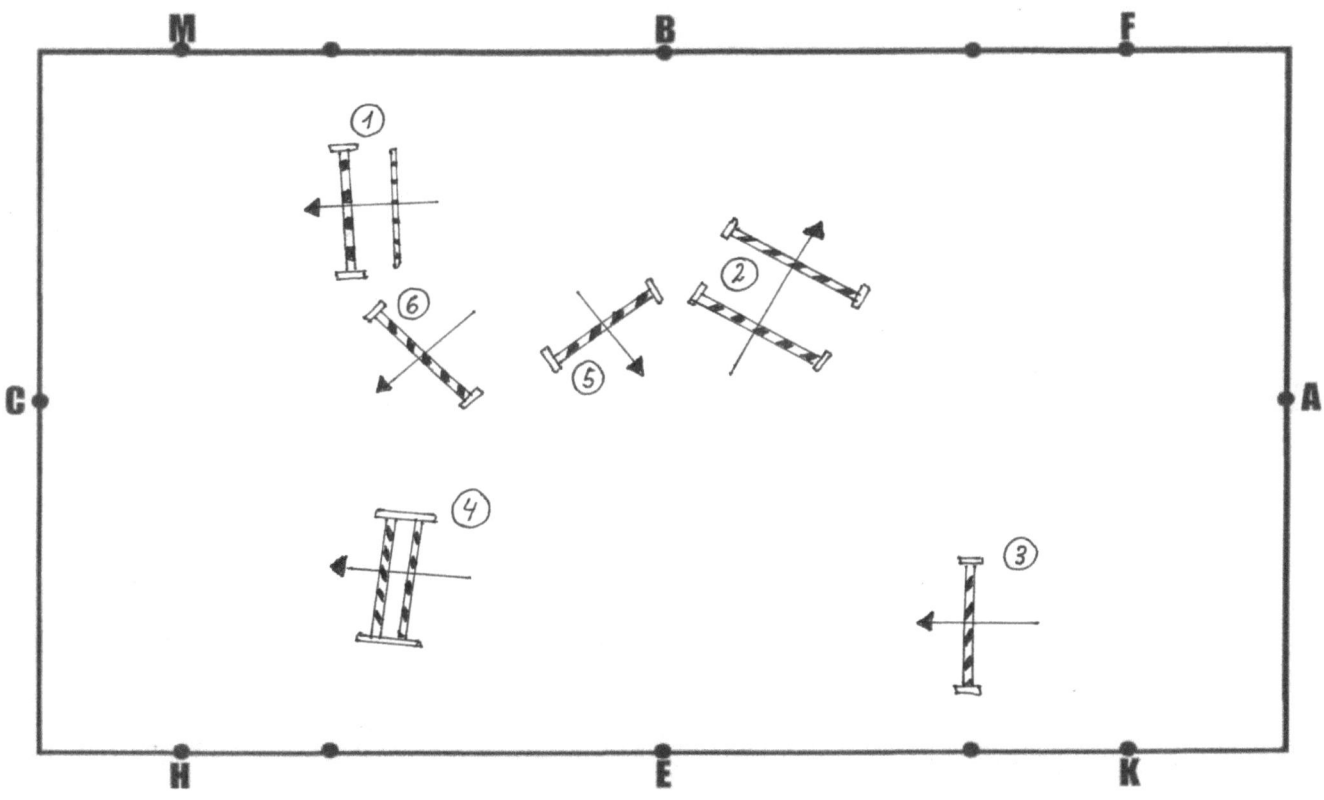

für _____

| **Thema** | **bestanden am:** |

Am Pferd

Deckhaar, Langhaar, Hufpflege	
Satteln mit Sattelbau	
Trensen mit Trensenbau	
Hilfszügel	
Bandagen, Gamaschen, Streichkappen, Springglocken	

Bodenarbeit   bestanden am:

Training mit Stangen	
Dreiecksbahn	
Systematische Desensibilisierung	

Praktisches Reiten Dressur: bestanden am:

Schritt herausreiten, ganze Parade	
Zirkel, Mittelzirkel, aus dem Zirkel wechseln	
Durch die ganze, halbe und Länge der Bahn wechseln	
Einfache, doppelte Schlangenlinie	
Halbe Volten	
Schlangenlinien durch die ganze Bahn, 3 Bögen (Leichttrab)	
E-Dressur korrekt reiten	

Praktisches Reiten Springen: bestanden am:

Bodenricks	
Springreihe	
Einsprung	
Steilsprung	
Oxer	
Kombination	
Springparcours korrekt reiten	

Theoretische Prüfungen für das RA 5

für _____

Thema	Seite	bestanden am:
Kapitel 1: Hilfszügel und Hilfsmittel	4,5,6	
Kapitel 2: Gebissarten	7 - 11	
Kapitel 3: Bandagen und Gamaschen	12,13	
Kapitel 4: Bodenarbeit	14 - 17	
Kapitel 5: Vormustern	18,19	
Kapitel 6: Systematische Desensibilisierung	20	
Kapitel 7: Lösearbeit	21	
Kapitel 8: Hilfengebung	22 - 25	
Kapitel 9: Grundsitz, leichter Sitz, Springsitz	26 - 28	
Kapitel 10: Springen	29,30	
Kapitel 11: Reiten in der Gruppe	31,32	
Kapitel 12: Reiten im Straßenverkehr	33	
Kapitel 13: Reiten in Wald und Feld	34	
Kapitel 14: Skala der Ausbildung	35 - 39	
Kapitel 15: Gangarten	40 - 42	
Kapitel 16: Natur des Pferdes	43	
Kapitel 17: Anatomie des Pferdes	44 - 46	
Kapitel 18: Unfallverhütung und 1. Hilfe	47,48	
Kapitel 19: Transport von Pferden	49 - 52	
Kapitel 20: Einstieg in den Turniersport	53 - 55	
Kapitel 21: Zulassungs- und Ausschlusskriterien	56,57	
Kapitel 22: Parcoursbau	58 - 61	
Kapitel 23: Organisation im Reitsport	62	

Impressum

Ute Schmidt
Hamburg

Kontakt:
E-Mail: ute@tschmidt.de

Urheberrecht

Die durch die Seitenbetreiber erstellten Inhalte und Werke auf diesen Seiten unterliegen dem deutschen Urheberrecht. Die Vervielfältigung, Bearbeitung, Verbreitung und jede Art der Verwertung außerhalb der Grenzen des Urheberrechtes bedürfen der schriftlichen Zustimmung des jeweiligen Autors bzw. Erstellers.

Herstellung und Verlag:
BoD – Books on Demand, Norderstedt
ISBN 9783746092966